刘采采 ◎ 著

古 蜀
三星堆国宝背后的
蜀 地 文 明
之 国

四川科学技术出版社

图书在版编目(CIP)数据

古蜀之国：三星堆国宝背后的蜀地文明 / 刘采采著. -- 成都：四川科学技术出版社，2021.6
 ISBN 978-7-5727-0146-7

Ⅰ. ①古… Ⅱ. ①刘… Ⅲ. ①巴蜀文化—研究 Ⅳ. ①K871.34

中国版本图书馆CIP数据核字(2021)第107639号

古蜀之国：三星堆国宝背后的蜀地文明
GUSHU ZHI GUO : SANXINGDUI GUOBAO BEIHOU DE SHUDI WENMING

著　　者	刘采采
出 品 人	程佳月
策划机构	九志天达
责任编辑	谌媛媛
责任出版	欧晓春
出版发行	四川科学技术出版社
	成都市槐树街2号　邮政编码：610031
	官方微博：http://weibo.com/sckjcbs
	官方微信公众号：sckjcbs
	传真：028-87734035
成品尺寸	170mm×240mm
	印张 17　字数 200 千
印　　刷	三河市祥达印刷包装有限公司
版　　次	2021 年 7 月第 1 版
印　　次	2021 年 7 月第 1 次印刷
定　　价	58.00 元

ISBN 978-7-5727-0146-7

■ 版权所有·翻印必究 ■

■ 本书如有缺页、破损、装订错误，请寄回印刷厂调换。
■ 如需购本书，请与本社邮购组联系。
　地址/成都市槐树街2号　电话/（028）87734035
　邮政编码/610031

序言一

肖先进

三星堆研究院院长、三星堆博物馆终身名誉馆长

  位于中国西南地区的成都平原，曾在不少古籍里被称为"不晓文字，未有礼乐"的蛮荒之地。唐代诗人李白更是在《蜀道难》里写道："蚕丛及鱼凫，开国何茫然！尔来四万八千岁，不与秦塞通人烟。"

  至于这片土地上一直流传着的蚕丛、柏灌、鱼凫、杜宇、开明五代古蜀政权，更是被认为是虚无缥缈的上古传说。

  伴随着三星堆遗址的发现与发掘，精美绝伦、稀世罕见的文物出土，才逐渐揭开了古蜀国神秘的面纱。这里河流密布，沃野千里，是长江上游地区的政治、经济、文化中心。四千多年前，在这里生活着一群先民，他们辛勤劳作，繁衍生息，留下了灿烂辉煌的文化遗产。

古蜀之国：三星堆国宝背后的蜀地文明

三星堆遗址从考古学角度揭示了古蜀国的存在及其发展历史，展示了这一青铜文明独特的城市规划理念、工艺技术、社会生活、艺术审美和精神信仰等，对于探索青铜时期中国文化多样性和人类早期政治组织及社会形态演化进程具有重大意义。其所代表的古蜀文明填补了中华文明演进序列的缺环，是长江上游的古代文明中心、中国文明重要的起源地之一。

三星堆与金沙遗址、三星堆与金沙文物在古蜀人制度文化、器用文化、行为文化及精神文化等层面所呈现的诸多"谜题"，使古蜀文明别具历史文化魅力，不仅吸引了中外学者为之孜孜探究，更激发了文学家、艺术家的想象力与创作热情。近年来，随着成都平原考古工作的推进和大众文化的发展，一批以三星堆、金沙为主题的音乐剧、绘画、小说、诗歌、影视等在题材的挖掘、形象的塑造、情节的编排等方面都创意迭出，呈现出蓬勃向荣的新气象。

其中，青年作家刘采采女士，作为四川籍作家、三星堆文化推广大使，对古蜀文化和天府文化，一直抱有极其深厚的感情，并创作出了不少与之相关的文学作品。

这本《古蜀之国：三星堆国宝背后的蜀地文明》，一改往

序言一

日虚构小说、剧本的创作手法，通过"读、问、行、感"的方式，对三星堆文物背后的古代四川文明，从考古、神话传说、民间传说、山川地方志等多种角度，进行了科普式地阐述，以通俗有趣的语言，对三星堆文化、古蜀文化进行解读与宣传推广，值得关注与推荐。

古蜀之国：三星堆国宝背后的蜀地文明

舒大刚

四川大学中华文化研究院执行院长、四川大学古籍整理研究所所长

井络之分，都广之野，古有国焉，曰蜀。

蜀自蚕丛开国，鱼凫继响，五主嬗替，各数百年。迄于公元前316年，末蜀开明王朝为秦所并，前后立国无虑二三千年。自秦蜀以前的历史，号称古蜀。

物换星移，时过境迁，加之秦并六国后，焚书坑儒，"史书非秦记者，皆杂烧之"。于是文献零落，记忆荒疏，古蜀之事，举归渺茫！历史真相，渐行渐远，人口相传，语焉不详，后世追记，难免怪诞。司马迁有曰"至《禹本纪》《山海经》所有怪物，余不敢言之也"，故《史记》之中，蜀事无录也。史既不载，后人何述？故常道将叹蜀史"久远隐没，实多疏略"，李谪仙更是浩歌"蚕丛及鱼凫，开国何茫然"！

序言二

　　经司马相如、严君平、扬子云，以至谯常侍等人，"各集传记，以作本纪"；常璩踵事增华，作《华阳国志》，巴蜀史事，稍有体系。然而诸人述古，多托传闻，加之巴蜀崇尚神仙巫术，事极夸张，文极绚烂，所述古蜀之事，不是神话连篇，就是志怪无边。20世纪以来，现代考古学引进，经过科学发掘，地不爱宝，惊喜不断，文物与文献互证，巴蜀史迹才逐渐揭开神秘面纱。尚惜古蜀文字，未能破译，历史真相，茫昧难辨。时有专家考释，凿破鸿蒙，云开雾现；限于学术语言，大众阅读，稍嫌深艰。时值三星堆考古吸引世人眼球之时，本书应运而生，实在值得关注！

　　本书以专题的形式、活泼的语言，引导人们阅读和思考古蜀古事，可谓别开生面。内容涉及一国之君、古蜀之后、古蜀之神、古蜀祭祀、古蜀族群、古蜀文物、古蜀文献、古蜀山川、古蜀疆域、古蜀信仰、古蜀战力，等等，几乎略当一部古蜀历史文化小百科。

　　本书作者是大家熟悉的美女作家刘采采，她曾以多部都市小说蜚声文坛，也曾写过两卷本《蜀帝传奇》，流行书肆。每读她的作品，都会因其丰富的想象和优美的语言而感动。今书又以专题札记的形式，随笔随想，读之引人入胜。作者擅长以推测加实证的方式，向读者普及古蜀文史知识；同时也大胆提出问题，心平气和地

古蜀之国：三星堆国宝背后的蜀地文明

与大家讨论，引导大众穿越数千年，考古述史。

作者充分发挥了文学家丰富的想象，兼有科学家亲身考察、小心求证、谨慎求解的精神，将文献记载、出土文物、民间传说、学人研究等资料和观点结合起来，提出自己的诸多新的解释，玄而不虚，文而不浮。作者又以生动而轻松的笔触，亦史亦文的风格，向读者开启了一扇了解古蜀文明之门，实在是一本值得推荐的历史文化科普读物。

然而蜀事茫茫，谜团多多。有的问题可能在这里得到了解决，有的问题则可能暂时无解，但也可以借此引发人们的思考和联想。比如，本书开篇即考释"蜀"字，说："无论是在甲骨文还是金文当中，'蜀'字的形象，都像是一只身体蜷曲的蚕。"并进而推断，古蜀先民在煮食蚕蛹的过程中，"就发明了缫丝"，并提升为"种桑养蚕，抽丝编绢"的技能；文中提到嫘祖发明了一种养蚕织锦的方法，推测她可能是中国第一个女发明家；也提到黄帝娶西陵氏（蜀山氏）女嫘祖以为正妃的事；甚至专门写了"蚕神嫘祖"的内容……读之我们会发现，古蜀实为中国蚕丝业的发祥地之一，是国家一级文物——彩锦护膊"五星出东方利中国"的原产地，是世界蚕丝业发明发生的故国，成都更是南方丝绸之路的始发地。

序言二

"蜀之为国，肇于人皇"以及"三皇"问题，如果深入下去，我们就会发现，古蜀的信仰及古史体系，与中原互异又互补：中原三皇是"伏羲、女娲、神农"，或"伏羲、神农、黄帝"，而巴蜀则是"天皇、地皇、人皇"，汉世图纬、《三国志》皆云"三皇乘祇车出谷口，谷口即今之褒斜谷"。

古蜀开明氏帝号是依据青木、赤火、黄土、白金、黑水而来，这又涉及中华文明史上两个"五帝"系统问题：中原以"黄帝、颛顼、帝喾、尧、舜"为"五人帝"，巴蜀以"青帝、赤帝、白帝、黑帝、黄帝"为"五色帝"。三才皇代表了巴蜀人由来已久的"天地人"三才一统的宇宙观，"五色帝"则代表了巴蜀人"五行"相生相克的物理观。

文中也提到古蜀祭祀，以及《礼记·表记》"殷人尊神，率民以事神"，如果再往前溯，会发现"夏道尊命，事鬼敬神而远之"的记载，可见天命信仰、鬼神祭祀，早在夏时已经有了，结合三星堆出土的大量祭器，会发现夏后氏与古蜀有许多联系。再结合《考工记》"夏后氏世室"（世室即宗庙），可见是夏后氏开启了对逝去祖先的立庙祭祀，后世逐渐形成"国之大事在祀与戎"（《左传》）的传统。再读《论语》孔子所叹"禹，吾无间然矣。菲饮食

07

而致孝乎鬼神"，就不难理解了，原来中华血脉相续、孝道相勉的伦理，也始于夏时。

与禹有关的还有《连山》问题，表明巴蜀对《易经》形成也有贡献。《山海经》说"伏羲氏得河图，夏后氏因之为《连山》"。《连山》至周代仍居太卜所掌"三易"之首。《周礼》说三易"其经卦皆八，其别卦皆六十有四"，说明"三易"是一个系统，阴阳观念和八卦符号都是共同的，《连山》作为三易之首无疑具有奠基作用。三星堆出土之青铜神坛，其天界、人界、地界的结构，不仅再现了古蜀"三才合体"观念，而且其独特的形制（底基圆盘、上托二兽、兽承四人、人顶四山、山有仙界），不禁让人想起《系辞传》"易有太极，是生两仪，两仪生四象，四象生八卦，八卦定吉凶，吉凶生大业"的宇宙生成模式。

还有禹妻涂山氏。据《华阳国志》等文献，涂山氏家在今重庆长江南岸，禹之庙铭至今尚存，而《吕氏春秋》又载涂山氏婢女歌"候人兮猗"之《南音》，"周公、召公取以为《周南》《召南》"，谢无量先生更谓"屈原据之作《离骚》"，可见《诗经》《楚辞》都肇始于巴地涂山氏。

文中提到扬雄《蜀王本纪》，循此以往，我们还会发现，扬雄

序言二

不仅写有与中原史册风格不一致的《蜀王本纪》，还建立起与中原儒家"仁义礼智信"（与道家分道扬镳）系统不一样的核心价值体系——"道德仁义礼"。这个体系彰显了巴蜀儒道合治、兼容并包的传统，都弥足珍贵。

总之，阅读本书，收获应当是多方面的。它不仅让我们备知古蜀之事，还会给我们许多新颖的启迪。它让我们知道，"西陵氏女"黄帝正妃嫘祖教民栽桑养蚕，缫丝织锦，衣被天下；知道大禹治水，民得陆处；知道杜宇教民务农，食货济民；知道夏后氏始立宗庙、事鬼敬神而远之，形成中华养老敬亲的孝道文化和敬天法祖的祭祀文化；知道大禹在这里思考世界本原，因而有以"阴阳""八卦"为元素的"三易"鼻祖《连山》的诞生；大禹还在这里运用"水火木金土"五行相生相克原理，取得治水成功，因而衍为《洪范》，"阴阳五行"学说遂成为后世国人认识世界、解释世界的共同理念，置诸世界哲学史，其作用不啻德谟克里特的"原子"理论；知道目前已经发现（或正在发现）堪与埃及金字塔、雅典古神庙齐名的三星堆祭祀坑、金沙遗址等人间奇观；还有与两河流域泥板楔形文字、古埃及纸草文献一样奇妙的巴蜀古文字；还有可与尼罗河古历法媲美的三星堆青铜神树代表的"十月历"和金沙

古蜀之国：三星堆国宝背后的蜀地文明

太阳神鸟昭示的"阴阳合历"；这里还有足与古希腊宙斯、古印度梵天、古犹太耶和华等列的崇高而亲切的"天皇、地皇、人皇"（三才皇）信仰；有可与"两希文明"推崇的"自由、平等、博爱"等量齐观的"道德仁义礼"五德并美的人格构建，如此等等，皆足以树立典型、振起世风、安定民志。这样一来，古蜀文明不仅仅只是留下几段传奇故事和几许破碎青铜，而是从物质到精神、从形而下到形而上、从衣食住行到信仰伦理，都创造出过沾溉后人的系列成果，具有极强的历史研究价值和现实借鉴意义。

如果我们再把视野放大一点、探究再深一点，在历史上曾经如此辉煌灿烂的古蜀文明，为何与同纬度（北纬30°）附近的古埃及文明、古巴比伦文明、古印度文明、古玛雅文明等一样，在闪耀数千年之后，最终却突然熄灭，都同归湮没了呢？这中间到底有怎样的不解关联和恼人魔咒呢？

所有这些，当然不是一本著作所能道清说明的，但它留给人们思考和探索的空间，却是可以无限延展的。而且本书的专题讨论模式，又为将来的继续讨论留下无限可能，我们期待着采采写出更多的有关蜀事的著作来。

前言

四川又被称为"蜀"。

"蜀"字，它是典型的象形文字，无论是在甲骨文还是金文当中，"蜀"字的形象，都像是一只身体蜷曲的蚕。

为什么这个字会像是一只蚕呢？这个答案，其实要追溯到很久远的上古时代。

"蜀"字，最早见于殷商时的甲骨文。

在东汉时期，古文字学家许慎在《说文解字》当中就有过解释。他说："蜀，葵中蚕也。从虫，上目象蜀头形，中象其身蜎蜎。"

"蜎蜎"，表示虫子在爬行。在《诗经·东山》

里，有"蜎蜎者蠋，烝在桑野"。

这个蠋字，是虫字旁加一个蜀，它是一种野蚕。目前就文字上来看，"蜀"与蚕的关系非常密切。

说到蚕，要追溯到五千多年以前。当时，漫山遍野都是一种叫不上名字的小虫，到了一定的季节就吐丝把自己给包裹起来。

那个时候的生活环境很恶劣，人们想要吃饱都是一件非常艰难的事情。所以除了打猎、采集种子和果实之外，大家还要想一想别的办法，才能够填饱肚子。

蚕蛹，就是在这样的情况下进入到人们的生活里了的。

也就是说，一开始对于人们来说，蚕存在的意义，是为了吃，而不是为了穿。那关于这种挂在树枝上的白色的小东西，它们是怎么被古蜀先民发现，并且完全地利用起来的呢？

首先，剥开蚕茧并不是一件容易的事情，尤其是在当时没有剪刀等利器的情况下，只能用石块磨破了蚕茧，才能够捉到里头的小虫子来吃。但是，如果将蚕茧扔进水里煮熟，把蚕丝给抽出来缠绕在竹筐上，再剥开这个茧子，这样是不是就要方便许多呢？于是，在这个过程当中，就发明了缫丝。

前言

后来，先民们又发现这些丝不仅不容易断，还能织布、保暖，是个天大的宝贝，蚕的功能也因此变得十分重要了。

于是，这些原本生活在树林里的"野蚕"，才会被先民们所驯养，最后成为"家蚕"。而古代四川人民非常擅长种桑养蚕，抽丝编绢，这是遥遥领先于中国上古时候其他地区先民的一门手艺。

所以，当其他地区的人们提到古代四川的时候，就会不由自主地联想到蚕。就像我们现在提起西安，首先想到的是秦始皇、兵马俑；提到杭州，首先想到的是西湖；那么在四五千年以前，外省的朋友提到四川，首先想到的应该是蚕。

从"蜀"这个字的字形结构也能看出这个渊源，可以解释为它是眼睛下面还有一条虫子的意思。

在甲骨文当中，"蜀"字的造型与三星堆出土的"纵目面具"是非常相似的。它们都有着大大的眼睛，一双大大的眼球还突出在眼眶之外。找来甲骨文的"蜀"字对比看一看，你就会发现，在这个字的下半部分，好像有一只大头虫正在源源不断地吐着丝。

其实"蜀"字的写法和甲骨文当中的"龙""虫""蛇"

古蜀之国：三星堆国宝背后的蜀地文明

等字的写法也是非常相似的。所以，"蜀"这个字还有一种可能，它并不是只与蚕有关，说不定与龙、蛇都有些关系。

"蜀"，是一个古老的部族名字，是地名，在三国时期也是一个国家的名字。

"蜀国"是我们许多人都知道的称呼。但是，古蜀国呢？会不会有人觉得茫无头绪——要怎么来分辨"蜀国"与"古蜀国"呢？

最为简单通俗的辨认方法，就是这个"古蜀国"既不归刘备管，也不归王建和孟昶两个蜀国皇帝管。"古蜀国"的时间划分阶段应该是从中原的轩辕黄帝时期开始，直到春秋战国时期，在这个大概的时间范围之内。它是一个时间跨度很长、政权绝对独立的国家；是当时中国古代中原政权的周边地区，非常具有典型意义的"邻邦"之一，也代表了三四千年前的长江上游的文明中心；是现代人对那个时代的统一称呼，用来区别后来出现的蜀汉政权、前蜀政权和后蜀政权。

有人问：四川在古代是不是蛮夷之地？

可能相对于先秦时代的中原政权来说，古代四川地区确实是。

古蜀国先后有蚕丛、柏灌、鱼凫、杜宇、开明等五个政权。虽然属于西南边陲地带，是个"蛮夷之地"，比如在某些古籍里，就会写到古蜀人既不通晓文字，也不懂得礼仪，但实际上，古蜀国土地肥沃，人们骁勇善战，勤劳勇敢。从古至今，这儿都是一个非常不错的地方。虽然经历了五代政权，但统治方式还是比较类似的，并且政权也是绝对独立的。

直到公元前316年（还有一个说法是公元前329年），古蜀国的"好邻居"秦国派了张仪与司马错带兵讨伐蜀国。末代古蜀王打不过人家，一败涂地，从此结束了古蜀国的独立政权时代，而古蜀文化，也就逐渐地融合到后来的文化当中去了。

古蜀国五代政权时期的那些传说与故事，我学习了大概有十六年的时间，也想借由这本书分享自己对古蜀文化的学习和了解，给各位读者朋友展示一个角度特别的古蜀之国，也希望能够有更多的人喜欢古蜀文明，喜欢我们的三星堆文化、金沙文化和宝墩文化。

同时也希望这本书能够吸引更多的人对四川产生兴趣，来这儿旅游、定居，开启美好幸福的生活。

2021年6月

古蜀国王朝更替序列手绘图

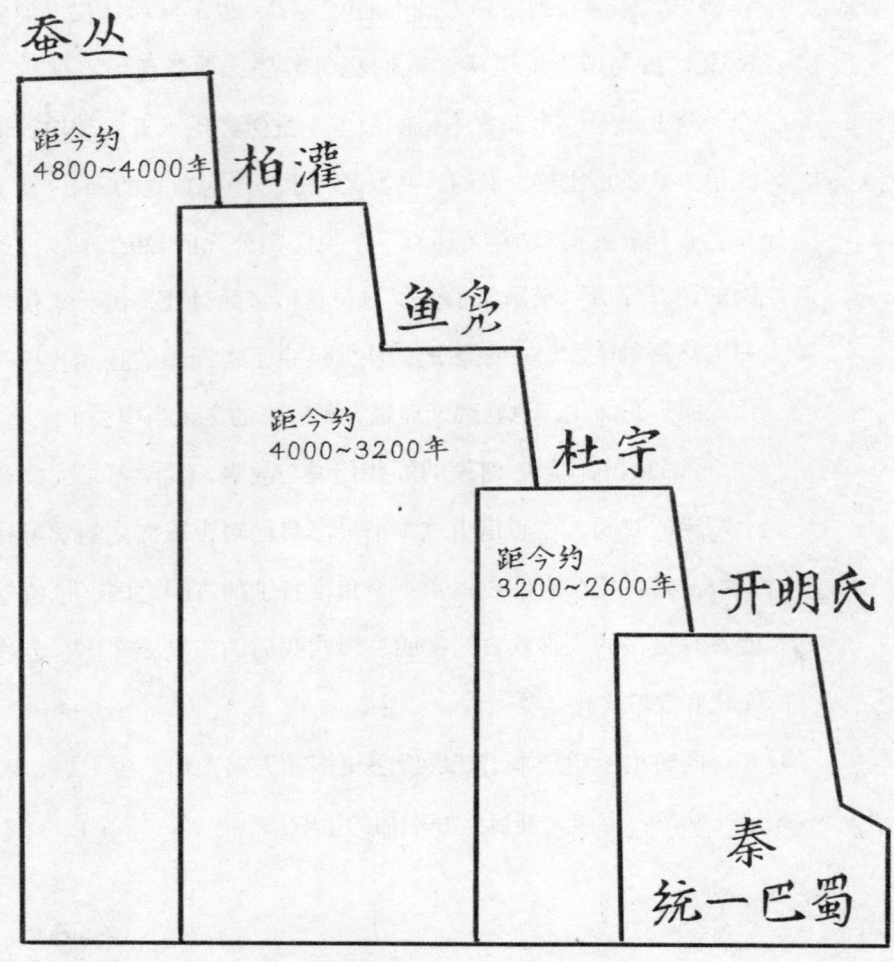

三星堆古城功能区划手绘图

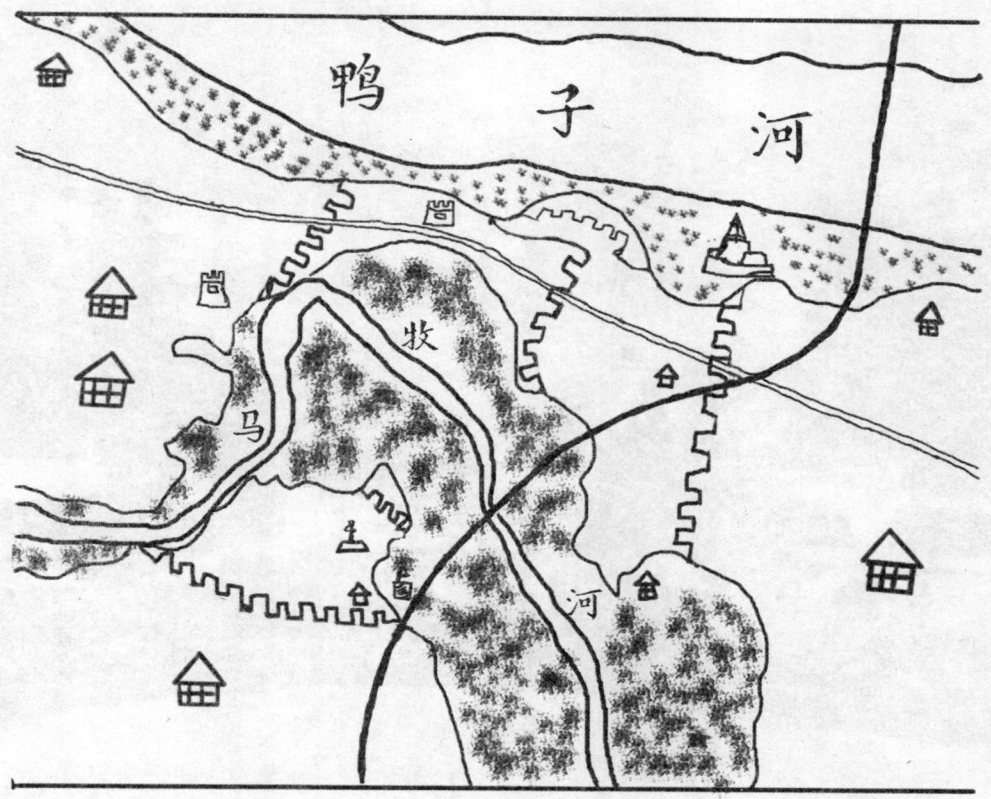

三星堆古城布局严整合理，现已初步了解到有居住区、作坊区、祭祀区、墓葬区等。遗址内北部的月亮湾城墙或系宫城城墙，此区有可能是宫殿区之所在。

01	一国之君	001
02	古蜀之神	007
03	王的最高祭祀礼	013
04	神秘的黄金面具	019
05	王与神的象征	025
06	叩开古蜀王国的神秘之门	033
07	仙踪难觅的古蜀文明	043
08	了不起的古蜀王	049
09	蜀王蚕丛	057
10	最神秘的柏灌王	065

20 日暮里的古蜀国	19 开疆辟土，蜀帝开明	18 江湖还有他们的传说	17 死而复生的『蓉漂』鼻祖	16 蜀王杜宇是个『外来务工人员』	15 部族名字的由来	14 引人遐想的黄金权杖	13 部族联姻，合二为一	12 沉默的历史关系	11 四川最古老的原住民
129	123	117	113	109	103	099	091	083	073

21 两千余年的独立政权，就此结束		133
22 蜀王是黄帝的后代吗？		137
23 黄帝、炎帝与蚩尤，有着怎样的渊源？		141
24 隔壁蚩尤		147
25 蜀山之王		153
26 蜀山皇后		161
27 「蜀地妖山」		171
28 两座「蜀山」，两处「蚕丛王陵」		179
29 令人胆寒的迷魂凼		187
30 古蜀人的蚕桑业		195

31 蚕神嫘祖	201
32 蜀人大禹与他的父亲鲧	205
33 鲧的结局	211
34 古代中国的汤汤洪水	215
35 《山海经》是蜀人大禹写的吗？	221
36 二郎神杨戬是不是古蜀人？	225
37 二郎神的原型是李冰的儿子吗？	229
38 二郎神杨戬身世之谜	233
39 征巴蜀之师，会战牧野	239
参考文献	243

一国之君

天府之国，沃野千里。

既然"古蜀国"是一个国，那么国君又是谁呢？

我们先来认识一下四川省广汉市三星堆遗址出土的青铜大立人。

这尊青铜立人像有180千克重，净身高是1.72米。当然这个身高放到现在来说，可能不算高。但是在古蜀时代，他绝对是一等一的高个子。

我曾经在成都金沙遗址看到过一些古蜀人的遗

古蜀之国：三星堆国宝背后的蜀地文明

>>> 青铜大立人像正面（摄影：秦磊）

骸。他们都不算特别的高，大致身高在1.40米到1.50米。

可能还有一个原因，这些遗骸的主人大多数是女人和孩子。所以，对于古代蜀国人的身高，不能以这个作为判断标准。

后来有一次，我去四川新都博物馆采风，见到了两个大约是四五千年以前的古人的遗骸。这两具古人的遗骸真的挺不一般，一个身高1.90米，一个身高1.80米。就这身高，现在看来，都算是非常高的，何况是几千年前呢？

他们的身高特殊性会令你产生一个疑惑：也许人家原本就不属于那个时代，会不会是"穿越"过去的呢？

毕竟古代人民由于生活环境比较恶劣，吃不好也穿不暖，营养不均衡，能够活下来就已经是非常不容易的了，又怎么可能发育得那么好，长得如此高大强壮呢？

但是，广汉三星堆遗址出土的青铜大立人的身高，实实在在地与新都博物馆的两具古人遗骸做了一次真真切切的呼应。

说到青铜大立人，了解古蜀文化的朋友应该都不会感到陌生，他是个瘦高个儿，并且很可能是根据真人原型的身高来进行塑造的。

但是这个数据还是存在一定的误差。在最早的时候，青铜大立人的身高记载是1.80米，后来据说是因为数据的测量出现了失误，测量人员把帽子一起给加了进去。

假如是净身高的话，那么青铜大立人应该是1.72米。再加上他的帽子和脚下的基座，有2.62米高。

青铜大立人是现今全世界范围内保存最为完整，也是最高的青铜人像，被称为是"东方巨人""世界铜像之王"。

在公元前3000年左右，四大文明古国先后拥有了熟练的青铜铸造技术，历史学家将之称为"青铜时代"。

其中，古巴比伦人的青铜铸造技术更是到了登峰造极的地步，他们创作出了譬如"大胡子"国王雕像、祭师铜像、青铜女神立像等精品。

出土于海法吉遗址的裸体带冠祭师立人像，甚至高达1.76米，被称之为是古巴比伦青铜文明的一个象征。

但是青铜大立人的规格显然是超过了古巴比伦的祭师立人像，这是一个高大威武、神威赫赫的青铜人像。他很帅——浓眉大眼，高鼻，阔嘴，表情威严刚毅，身上穿戴着华丽的服饰。

说到那件衣服，真的是非常具有设计感。这是一个窄袖，或者说是七分袖的套装，并且还是三件套。穿在最里层的是一个V领的左衽深衣，而外衣的后面，则是燕尾服造型。

这件最外层的衣服是单袖半臂式的连肩衣。衣服上面绣了一些纹路，这些花纹主要是由龙纹、鸟纹、虫纹和目纹组成。

这样一个组合，令衣服看起来做工非常复杂、精细、华丽。同时，这件衣服也表明了在当时的古蜀国，人们是已经掌握了刺绣、堆绣等技巧的，说不定这就是蜀绣的源头呢。

而青铜大立人衣服上的龙纹、回字形纹和异兽纹，也是有所寓意。

后来的天子龙衮，就同这件衣服颇有相似。

龙衮是什么呢？龙衮就是龙袍的意思，是皇帝的朝服。

所以根据这个例子来进行反推，那么青铜大立人的身份，很有可能就是一国之君。同时，这件衣服的左衽穿法，也印证了古籍当中的某些记载。

汉赋四大家之一的扬雄，在《蜀王本纪》当中就有记载，"是时椎髻左衽"，意思是当时的古蜀人是梳着椎髻，衣服的穿法是左衽。

而广汉三星堆遗址出土的青铜大立人，他的衣服正好就是左衽。

什么是左衽呢？这个衽，指的是衣襟，或者说衣领子。左衽，指的就是将衣领子往左边掩去。而中原地区的古人服饰，却几乎都是将衣领子往右边掩去的。

汉服也是这样的设计。更为形象的对比，就是西安兵马俑，那些兵马俑的衣服领子都是统一往右边的。

在《论语·宪问》当中，有一个成语"被发左衽"，这个成语后来一直被用于形容中原地区以外的少数民族。

这一点，在后来也成为考古学家们辨别古人身份的一个重要的依据。这个古人到底是少数民族还是中原人，首先看他的衣领是往左边搭的，还是往右边搭的。

再说回到衣服左衽的青铜大立人。青铜大立人是很有魅力的，他的身上也带了很多的疑问。

他是蜀王吗？还是大巫师？他的名字叫什么呢？他和中原文明有没有关系？在古代的传说当中，是否有记载过他的名字？古蜀国是由他建立的吗？

根据历史学家的研究判断，三星堆遗址出土的青铜大立人，确实极有可能代表的是古蜀国的最高统治者，是一国之君。

古蜀之国：三星堆国宝背后的蜀地文明

>>> 青铜大立人衣服的穿法为左衽

古蜀之神

　　青铜大立人是一国之君这个说法，应该不会有太大的出入。

　　青铜大立人所站立的台子，它的高度有0.9米，上面是没有纹饰的。有学者认为，这部分也许是被掩埋在宫殿或者说神庙的地面以下的区域。也就是说，它是一个基座。

　　这个基座，看起来很像是作法用的神山或者神坛。

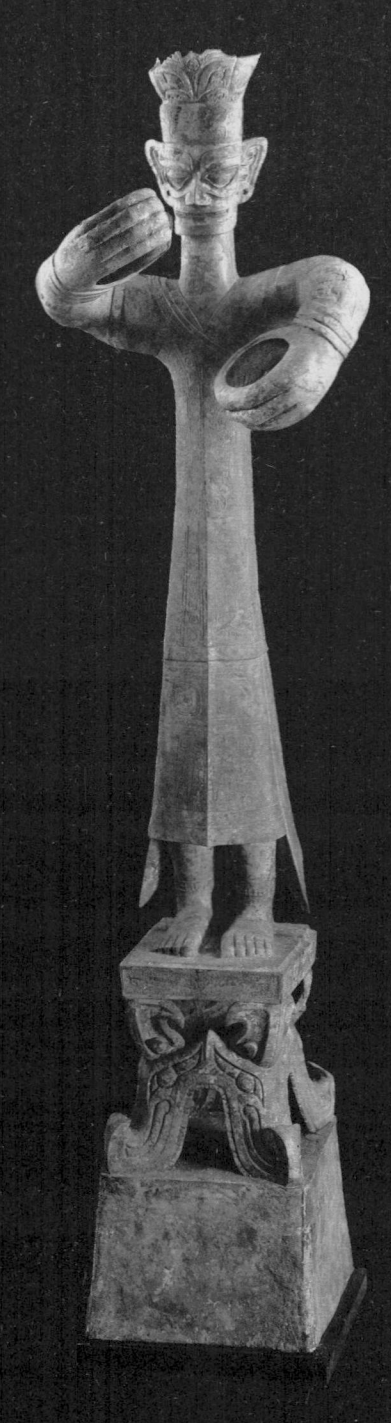

>>> 青铜大立人像

02 古蜀之神

在《说文解字》当中有"坛，祭坛场也""场，祭神道也"。

所以，由此推论，青铜大立人的身份，除了是一国之君以外，还有可能是国家法力最为高强、能够通神的人。

他兼具大巫师的职责，是古蜀之神。

首先我们看这件文物所在的时间年代，大约是在3500年以前，也就是我国的商周时期。

商周时期的中原文明有着怎样的国家制度或者说信仰呢？

在《礼记·表记》当中就有记载："殷人尊神，率民以事神，先鬼而后礼……"这几句话说的就是，殷商王朝的统治阶级非常尊崇鬼神，他们信仰鬼神，崇拜鬼神，同时也领导人民去侍奉鬼神，并且在各种礼制当中，会将祭祀神灵摆在第一位。

神灵于古人而言，是至高无上、不可冒犯的。

在古时候，由于社会生产力非常低下，人们对于世界的了解也很浅薄，在面对大自然所发生的各种现象，比如说风、雨、雷、电、地震、山洪、太阳、星星、月亮、云彩、红霞时，是没有办法做出解释的。

他们的知识面根本就无法解释或应对这些问题。因为不清楚到底是什么原因引起了如此恐怖的事情，所以古人的心中就必然会产生恐惧。

于是，他们就希望能在自己的力量之外，还有更为强大的力量存在。而拥有这种力量的人，就是他们所尊敬的"神"。

他们信仰神灵，也期盼能够受到神灵的庇护。

其实作为统治阶级来说，他们是非常乐于见到人们对于神秘力量的崇拜与敬仰的。统治者们为了巩固自己的政权，同时也为了能够理直气壮地剥削劳动阶级，会顺势而为，借力打力——不论是引经据典，还是编撰故事，都要向劳动阶级证明，他们所信仰和爱戴的"神"，其实是统治阶级的祖先。

还有一些统治阶级，会无中生有地"制造"神灵，以此来控制群众。

为什么说一国之君又叫"天子"呢？因为作为天神的儿子，是理所应当受到天神庇护的，自然也有资格统治万民。

不过，在殷商时期，国家的统治者虽然将祭祀文化作为首要文化，可是并没有出现过像广汉三星堆遗址出土的青铜大立人那样的，具有代表性的文物。

甚至，在中国所有现存的遗址当中，到目前为止，都没有出土过类似的青铜人像。

因此，青铜大立人是独一无二的。

这代表着什么呢？这应该是代表着他就是古蜀先民所信仰的"神"，或者是某一个时代具有显著政绩的统治者。

他是巫师，也是国王。

在中国现代著名考古学家、古文字学家陈梦家先生的《商代的神话与巫术》一书当中，曾经写道："王者自己虽为政治首领，同时仍为群巫之长。"

说的便是在先秦时代，国家的统治者同时也是这个国家的信仰之所在。他们通常是具有多种身份的。平时，他们治理国家，使人民安居乐业。可一旦到了国家危难的时刻，比如说外敌来犯，内乱四起，那么国主除了是王与巫师之外，还要成为一国之统帅。他要统领三军，出征沙场，保家卫国。

这个也就是我们现在所说的，政教合一。

沈仲常先生发表于《文物》的一篇文章《三星堆二号祭祀坑青铜立人像初记》当中也有印证。他说："这件青铜人像象征着当时蜀人当中的群巫之长，也可能就是某一代蜀王的形象。"

那么简而言之，说的就是青铜大立人，他不仅是司管祭祀的国师，同时也是执政的国王。

可是，对于国家如此重要的一个角色，为什么被断成了两截，埋进了土里呢？

也许，有两种可能。

第一种，是蜀国的政权在当时发生了巨大的变更。也许是外来侵略，也许是内部的斗争。这个战争的结果，显然是原先的政权被颠覆了，取而代之的是另一位执政者。为了庆祝胜利，同时也向自己部族所信仰的神灵进行敬奉，他便对前任执政者所崇拜的神灵进行了彻底的摧毁，甚至是打砸焚烧。这个行为还有一个说法叫作"碎祭"。

而第二种可能，也许是当时的蜀国遇到了极大的困难，这个困难甚至可以被称之为是"灭顶之灾"。比如说遇到了足以摧毁一切的洪涝灾害，或者说干旱数年，以及无法控制的瘟疫这样一类的情况。

蜀王实在是无计可施了，怎么办？便只好求助神灵，祭天祈福。

然而，祭祀是需要重量级的祭品来表达诚意的。

在先秦时候，常用活人来祭天。这其中的残暴，非三言两语所能概述。

后来，遇到仁慈的国主如果不愿意让子民受苦受难，也不愿意用子民的性命来祭天，便想到了以自己来祭天的办法。

可国主又不能真的去死。所以，统治阶级就想出了一个两全其美的办法——不如就打造一个国主的替身，代替国主去见神灵。

这种信仰与祭祀的方式，在先秦时代是非常盛行的。

王的最高祭祀礼

在3000多年以前，古代君王在面临洪水、干旱、地震、山火、泥石流等自然灾害时，由于缺乏科学的认识与应对方法，往往会束手无策。

这就必然会造成很大的人员伤亡与财产损失。

这个时候，君王通常会进行一个盛大的祭祀仪式，用以祈福祭天。他们祈求上天赐福，令国家安稳，护子民祛疾避祸。

到了祭祀礼的最后阶段，君王会把代表自己的替身人像架在火堆上进行焚烧，以表达对神灵的最高敬意。

这种祭祀仪式，在中原的商王朝是常有的事情。而与它同时期的古蜀国，兴许也是这么进行的。

在三星堆出土的青铜器上，就有被打砸焚烧的痕迹。

说到中原国家的祭祀方式，可以顺便说一说商王朝的开国君主成汤的故事。

根据有关文献的记载，商朝开国之主成汤在灭掉夏朝、取代夏桀之后，国家曾经经历过一场罕见至极的大旱。

这场大旱整整延续了七年。七年期间，滴雨未落。

可想而知，这样的情况会导致国家发生怎样惨痛的一个结果。百姓无法生存，举国上下都十分绝望，国家也因此陷入了绝境。

在无计可施的情况下，只能求助于天神，祈求上苍普降甘霖。这种行为，被称为"祭祀"。

祭祀的对象一般是天神、地神、人神。

在了解祭祀仪式之前，我们来看一下"祭祀"这两个汉字的构造。

"祭"的意思，是指向君王的上级，比如祖先、天地以及神灵做一个工作汇报。而"祀"呢，则是希望天地、神灵和祖先，在听完工作汇报之后，对自己未来新的工作进行指导、教诲和启发。

"祭"这个字的上半部分，我们拆开来看，它的左边是牲肉，右边是一只手，下面是神灵。而"祀"字的左边则是神灵，右边是"巳"。

这个"巳"字是什么意思呢？在东汉末年刘熙所著的《释名》里有这么一句话，说："祀，巳矣。新气升，故气巳矣。"这么来理解"祭祀"，就更加轻松易懂了些。

但举行祭祀仪式，是需要祭品的。

之前我们提到商朝的开国君主成汤，在面临七年大旱的困境之后，他作为君王要举行祭祀仪式，祈求上天与神灵的帮助。为了表示诚意，他准备用最高的礼仪，那就是以身祭天。

如何进行这个"以身祭天"的仪式呢？

有两个版本的说法。

一个说法是，成汤舍不得用寻常百姓的性命去祭祀天神，因为他是一个仁慈的君主，所以就决定牺牲自己。他的宽厚仁慈感动了上苍，在他沐浴更衣，准备上祭祀台的时候，天上就下起了大雨，瞬时就解了大旱之苦。

另一个说法，是说成汤准备了一个类似于青铜大立人的替代品，来代表自己。当然这个说法目前只是传说，毕竟在我国的中原地区并未出土第二个青铜大立人。

我看到的那个版本很有趣，成汤还有台词。

据说，他在面临自然灾害无计可施的情况下，对上天祈求说："上天啊，如果我有什么过错，惩罚我一个人就好，为什么要降罪于成千上万的子民呢？我的过错与他们无关，即使大家有错，也只能怪罪我一个人。"

成汤说完之后，就剪下了自己的头发。这还不够，他又在地上摩擦自己的双手。为什么要摩擦双手呢？身体发肤，都要用来献给神灵，用以表达惩罚自己的诚意。

最后，他将自己的人身替代品作为祭品，送上了火祭台。在熊熊烈火之中，将自己的愿望传达给了神灵。

通过这个故事我们可以想象，青铜大立人所处的年代以及它的作用是什么。而这个时代所产生的文明被称为"古蜀文明"。

什么是古蜀文明呢？

简单来说，就是从远古时期到春秋时代早期，产生在我国今四川地区，包括重庆市等地在内的，不同于中原文明，却又与中原文明有着千丝万缕关系的古文明。

目前发现的古蜀文明留存的遗址非常多，但是最具有代表性的，还是成都金沙遗址、广汉三星堆遗址，以及成都新津宝墩遗址。

这三个遗址到目前为止，都还在继续挖掘。

古蜀文明与华夏文明、良渚文明，并称为"中国上古三大文明"。

可能会有人产生疑惑，泱泱中华大地，无论是浙江也好，四川也好，统统都是华夏儿女，那么浙江的良渚文明与四川的古蜀文明，也应该被统称为华夏文明吧？为何还成了并列的"中国上古三大文明"呢？

因为考古界的"华夏文明",其实就是指"中原文明"。

"华夏"一词最早出自《尚书·周书·武成》,有这么一句:"华夏蛮貊,罔不率俾。"它最早来说,指的是中原地区。后来,随着历史的发展,华夏族逐渐融合了以四川地区为代表的巴蜀部落,以湖北地区为代表的荆楚部落,以南方沿海一带为代表的百越部落等,从而形成我们所知道的华夏民族。

但在还没有被华夏民族吸纳之前的古代四川地区,那个时候所产生的文明,就被称为"古蜀文明"。

这个时间年代,在距今大约6000年到2800年。

当时的蜀国,是完全独立的政权体制,拥有属于自己地域特色的文化和礼仪,但这个国家又并非是故步自封、不与外界往来的那种状态。整个古蜀文明时期,都在频繁地与蜀地之外的文化进行着各种交流。

青铜大立人在这个时间与地域上,是以王与神的形象存在的。

那么他的国度,他的子民,以及他的生存空间究竟是怎样的呢?而与他同在一个祭祀坑里出土的四件戴金面具青铜人头像,他们又是谁呢?

>>> 戴金面具青铜人头像

神秘的黄金面具

在一些武侠、玄幻、历史题材的影视剧当中,有不少需要戴着面具的角色。而这些戴着面具的人,编剧往往给他们的身份赋予一定的意义,要么是幕后的带头大哥,要么就是一怒惊天下、可以撼天动地的人物。

其实这种人设的创作,并非是凭空捏造,而是有历史依据的。

在古时候,面具具有特殊意义,并非是人人皆可佩戴,面具的主人往往都不是寻常之人。而用黄金打造的面具，它的主人，也通常都是国家的统治者。

比如，在埃及国立考古博物馆，有一个特别精美的黄金面具。

这个黄金面具究竟精美到了什么程度呢？它以极致的美丽，被考古学家称为"无与伦比的稀世珍宝"。它的重量，竟然达11千克。

其实这还不算什么，更令人惊叹的是，在这个面具之上，还镶嵌着各色各样的奇珍异宝。

这么精美又贵重的面具，它的主人究竟是谁呢？

目前看，它很有可能是埃及第十八王朝的第十二位统治者图坦卡蒙的物品。至于它出现的时间年代，大概是公元前1334年到公元前1325年。

这个时间用来对应我国的历史，应该是在殷商时期。

也就是说，与我们所要讨论的历史主题大约在同一个年代。

而这位埃及统治者图坦卡蒙的妻子，很有可能就是他同父异母的姐姐。这位姐姐据说在嫁给自己的亲弟弟之前，可能就已经为她的父亲生下过一个孩子了。

当我看到这样的奇闻时感到特别震惊。

这究竟是怎样的一种婚姻关系呢？会不会是因为埃及女性的社会地位不高，所以她们才被当成了私有物品赠送给了父亲或者兄弟作为妻子呢？

然而，事实恰好相反。

在埃及，女性的地位非常高，因为有着母系继承的规则，所以埃及女性其实是家庭的财政管理者。经济实力决定家庭地位，埃及女性是拥有着

04 神秘的黄金面具

>>> 商周大金面具（金沙遗址出土）

至高无上的社会地位的。

就连马克思·米勒也曾经感慨过：自古及今，女性在社会上这么有地位的国家，恐怕埃及要排第一。

但也有可能是母系继承的缘故，她们担心同外界通婚会令财产流入外族，并且为了保持血脉中的"神性"的纯粹，所以就走上了近亲结婚的道路。

在古埃及，亲兄妹、亲父女，都是可以结为夫妻的。

其中有一位埃及法老叫阿美诺菲四世，他在位的时间很长，他的政绩倒不是很显著，但是他的婚姻生活却叫人咂舌。

首先，他的原配夫人其实是他的亲生母亲。后来，他又娶了亲表妹为妻。等到若干年以后，阿美诺菲四世的两个女儿长大成人了，也被她们的父亲纳入了后宫。

这些例子在我们现在看来是非常荒唐的。但在那个时代的埃及，却是再正常不过的了。

不过，我们都知道，近亲繁殖必然会导致非常可怕的后果。在马尔克斯的小说《百年孤独》里，就有着十分具体的表现。

它的结局是什么呢？了不起的布恩迪亚家族，在经过了百年之后，最后一个近亲繁殖的孩子，竟然长了一条猪尾巴。

更惨的是，由于出生后没有得到妥善的照顾，孩子被满屋子的蚂蚁给吃掉了。

近亲繁殖所生下来的孩子，身体有缺陷的概率非常大，并且很容易夭折，但古人并不明白这个道理。

古埃及这个黄金面具的主人——图坦卡蒙在死的时候，其实是非常年轻的，大概只有十七八岁。由于他英年早逝，所以在埃及历史上的知名度并不高。

那么在同一时期的中国，是否也有可能存在着与埃及法老图坦卡蒙的黄金面具一样珍贵的、属于王的黄金面具呢？

04 神秘的黄金面具

答案当然是肯定的。

在四川广汉三星堆博物馆以及成都金沙遗址博物馆,就分别藏有数件黄金面具以及戴金面具的铜人头像。

首先介绍一下成都金沙遗址出土的两件黄金面具。第一件面具,只有3.6厘米高,4.89厘米宽,它的厚度是0.01厘米至0.04厘米,非常小,也非常薄,很轻,只有5克重。另一个面具就稍微要大一些。这个面具有10.1厘米高,8.6厘米宽,0.03厘米厚,也要稍微重一点,有46克重。

>>> 商周金人面像(金沙遗址出土)

>>> 商周小金面具(金沙遗址出土)

这两个黄金面具和埃及法老的黄金面具,在用途和意义上,都有着很大的区别。

金沙遗址出土的这两个面具实在是太小了,也太薄了,显然是无法佩

023

古蜀之国：三星堆国宝背后的蜀地文明

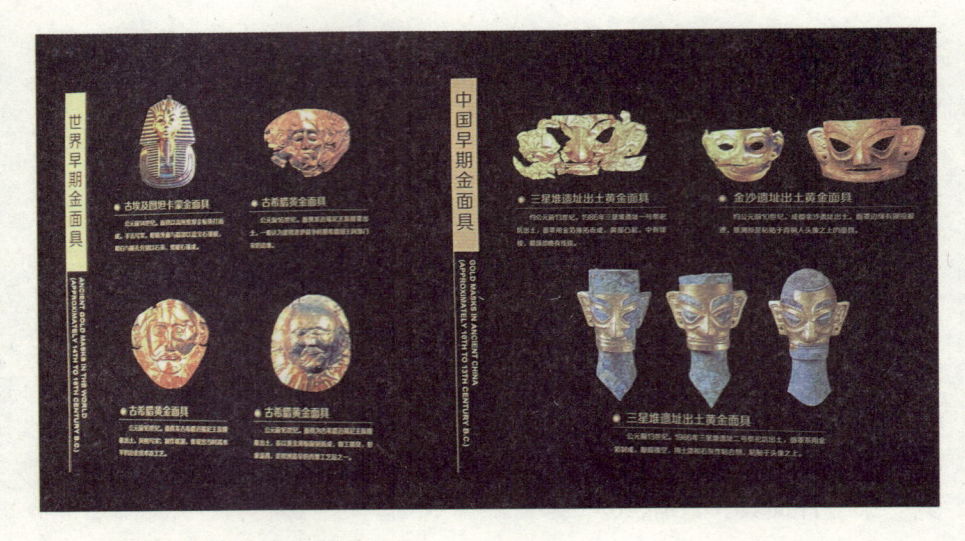

>>> 世界早期金面具与中国早期金面具

戴在人的脸上的。那么它究竟是用来做什么的呢？

有学者认为，这个也许是用于祭祀的。将黄金面具粘贴在青铜人头像上面，或者是粘贴在木制人头像上面，它们就能代表祖先的亡灵，同时也代表着国家的高级巫师。

王与神的象征

1986年，在广汉三星堆遗址的祭祀坑当中，统共出土了6件金面具和24件铜人面具。

金面青铜人头像所戴的面具是粘上去的。制作工艺应该是先用金块捶拓成金皮，然后采用生漆或者石灰作为黏合剂，将金皮贴在铜头像上面。

其中有几件金面具从青铜人头像上面脱落了下来，残损严重，但由此可以看出面具另一面的工艺。

铜头像的大小与真人比例差不多，但造型各异。

古蜀之国：三星堆国宝背后的蜀地文明

有的是平顶的，有的是圆顶的。这些造型不知道是不是代表着发型的不同，而发型的不同是不是又代表着职权的不同。

金面青铜人头像看起来非常威武，一个个气宇轩昂，高贵不凡，他们应该是属于当时社会当中的统治阶级，具有至高无上的社会地位。

为什么要将戴金面具的青铜人头像与寻常青铜人头像的地位区分开来呢？

这里有一个基本的常识，我们必须要了解。

从古至今，黄金都是一种非常珍贵的稀有金属。在古时候，尤其稀少。

那个时候四川的黄金来源，除了战争掠夺、矿石开发之外，绝大

>>> 圆顶金面青铜人头像

05 王与神的象征

部分是古蜀先民从河道里淘沙金得来的。沙金非常难淘，并且也不是每条河里都会有这种沙金的存在，河道里的沙金来源，通常是带着金矿的岩石被水不断地冲刷之后，再加上长年累月的氧化，才会流入附近的河道里。到了河道以后，还要经过水流的冲刷以及沙石的摩擦碰撞，才能导致这个金与石的分离，从而形成沙金。

所以，淘沙金是具有局限性的，必须得是附近有岩金，河道里才会出现沙金。

而四川盆地就正好具备这个条件。它四面环山，又有着数不清的大小河流，淘沙金从古至今都是一个让人赖以生存的职业。

我小时候在四川新津金马河畔，就看到过成群结队的淘沙金的人。但是这个工作是非常

>>> 平顶金面青铜人头像

辛苦的，工人们往往需要泡在水里一整天，不断地挖沙淘沙，最后才能从沙子里收获比小指甲盖儿还要小的一点点沙金矿石。

在19世纪以前，人类社会的黄金生产力水平是非常低下的。

据说在19世纪以前的数千年历史当中，人类总共生产的黄金还不到1万吨。而统治阶级对黄金的需求量非常大，因为黄金是他们身份的象征，同时也是敬献给神灵的礼物。

用黄金打造的面具，并不是用来作装饰品的，它主要的用途还是用来祭祀，它和神灵、巫术有着密切的关系。

为什么呢？

因为世界上有很多的民族都认为，面具这个物品，是可以用来呼唤神灵，甚至是承载神灵的。在中国的古代，面具有一个很特别的作用就是用来储存"往生者"的灵魂。

那么巫师也可以借助面具这个渠道，来与神灵和祖先进行沟通，用以达到祭祀祈福的作用。

而在近现代民族学、人类学的调查数据中也有证实，很多少数民族在祭祀、祈福、年节等重要场合当中，都会有戴着面具跳舞的活动。这个，应该就是从古代祭祀中保留下来的一种风俗习惯吧。

由于古时候的生存环境比较恶劣，人们又普遍缺乏科学的认识，对于许多事情或现象无法解释，便将背后的神秘力量称之为"神"。因为信仰和崇拜神灵，所以人在与神灵沟通的时候，往往会将最珍贵的物品拿来作

05 王与神的象征

>>> 金面具

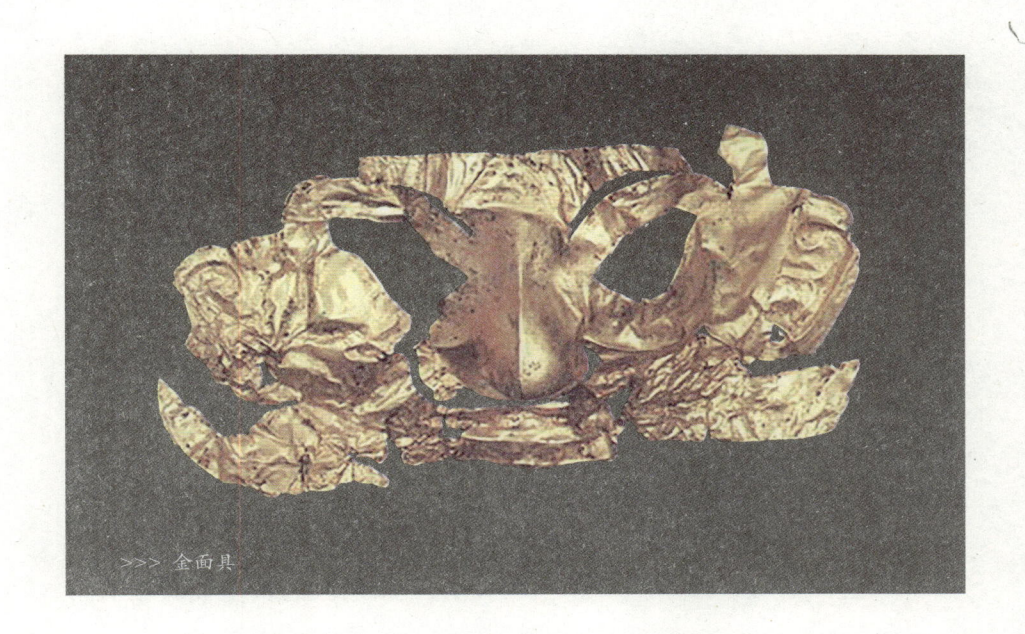

为祭品，献给神灵，人们是希望通过这个行为来达到与神灵沟通并且得到庇护的目的。

由此可见，在当时，古蜀国的巫术与宗教文化在这方面的契合度还是很高的。

中国出土的黄金面具还有一个比较特别的。1986年，在内蒙古自治区奈曼旗青龙山镇，辽陈国公主墓出土了一个长约20.5厘米，宽17.2厘米，厚达0.05厘米的黄金面具。这个面具是覆盖在公主脸上的，与三星堆、金

029

古蜀之国：三星堆国宝背后的蜀地文明

>>> 金面具

沙所出土的黄金面具，就用途上来说，还是有着很大区别的。

另外，在我国的西藏、新疆、内蒙古、辽宁等地都出土过黄金面具，但是成都金沙遗址出土的大金面具是最具特色的。

有一些学者认为，成都平原地区的黄金面具很有可能是从古代印度和中亚传过来的，后来再根据自身的文化传统进行了创新改造。

当然这个说法也不是没有道理的。

早在公元前4000年到公元前3000年，古埃及和西亚地区就出现了大量的黄金饰品，古埃及和古希腊的统治者更是用了大量的黄金来制作面具。

古埃及有图坦卡蒙的黄金面具，古希腊有阿伽门农黄金面具。

据说大名鼎鼎的阿伽门农黄金面具实际上并非属于阿伽门农。这其中的缘由颇为好笑，说是因为考古学家施里曼在发现这个黄金面具的时候，兴奋过度，导致判断失误，一口咬定就是阿伽门农的，后来又被质疑。

总之，这些黄金面具的作用，要么就是献给当时的统治阶层，要么就是祭祀神灵。

并且这种风俗习惯很快就向着地中海沿岸、中亚以及南亚等地区迅速传播开来，也许也影响到了古代中国。

不过，四川地区出土的黄金面具是非常具有古蜀特色的，不像是受到外来文明的影响，反而更像是由自身的宗教信仰演化而来。

那么创造这些文明的古蜀先民们，都是些什么人呢？他们生存的那个时代，又有着哪些伟大的君主在带领着他们生活与发展呢？

>>> 玉璋

叩开古蜀王国的神秘之门

唐代大诗人李白的那首《蜀道难》里写道——"蜀道之难，难于上青天！蚕丛及鱼凫，开国何茫然！尔来四万八千岁，不与秦塞通人烟。"

李白诗里所讲的"蚕丛"和"鱼凫"，便是古蜀国两位国主的名字。

李白是四川人。他写了不少和四川有关的诗，其中抱怨四川的路不好走、四川的历史不够明朗，也是非常直截了当。

古蜀之国：三星堆国宝背后的蜀地文明

>>> 玉贝（金沙遗址出土）　　　>>> 兽面纹玉钺（金沙遗址出土）

四川的路不好走，从古至今都是看得见的。可是，古代四川的历史，却总不被看见。

它被蒙上了神秘的面纱，一直是个云山雾罩的状态。

甚至还会有一些不明真相的人，他们怀疑三星堆遗址会不会就是外星人的信号接收基地？不然为什么会有那么多长相如此奇怪却又独特的青铜

06 叩开古蜀王国的神秘之门

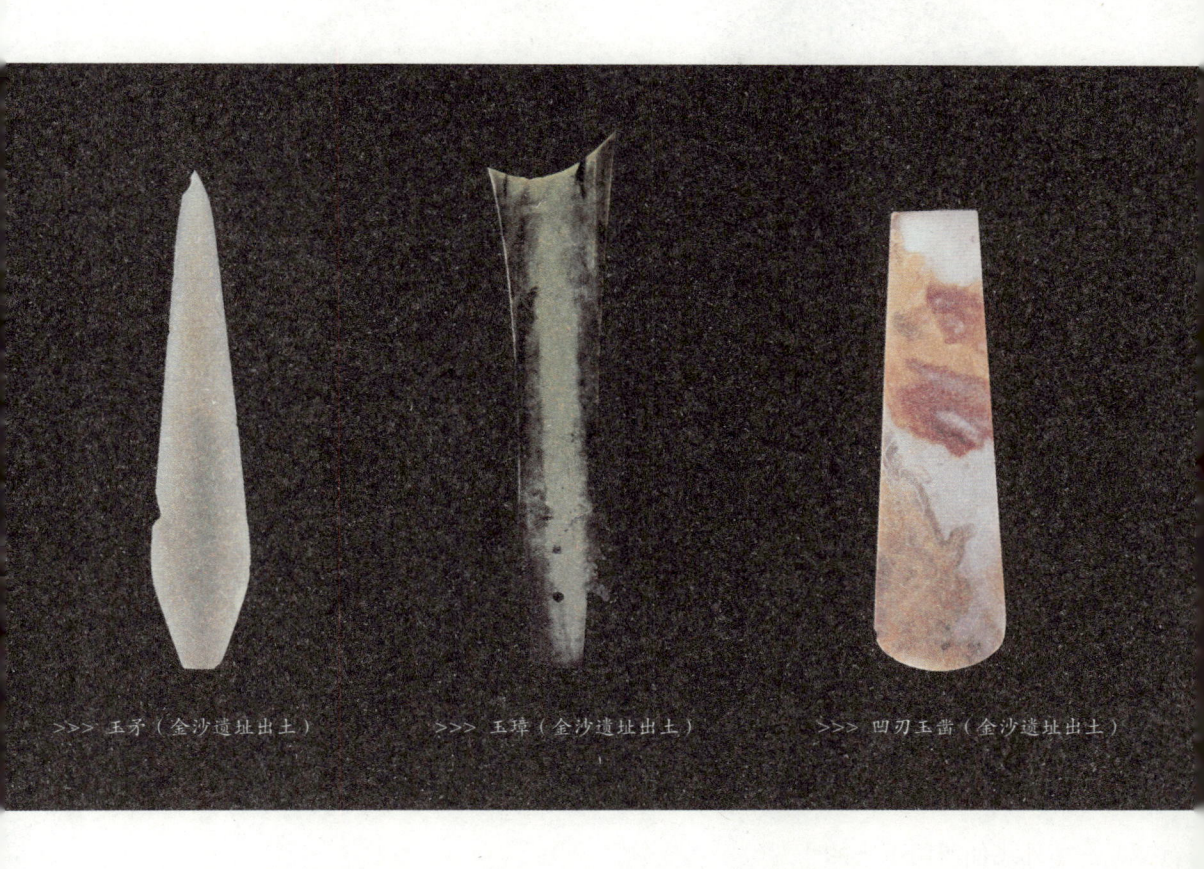

>>> 玉矛（金沙遗址出土）　　>>> 玉璋（金沙遗址出土）　　>>> 凹刃玉凿（金沙遗址出土）

头像呢？

在面对金沙遗址出土的玉器时，由于每一个的做工都非常精致完美，仿佛是从流水线上生产出来的一样，他们又有了新的质疑：莫非是现代人"穿越"到古代去制作的？

你看，受到一些小说和影视剧的影响，这些人对老祖宗的智慧产生了

古蜀之国：三星堆国宝背后的蜀地文明

>>> 有领玉璧（金沙遗址出土）

怀疑。他们根本就无法相信，两三千年前的古人，在没有机械的帮助下，竟然能有如此精湛的技艺。

其实，在十五年前，我第一次看到三星堆与金沙的文物时，当时由于并不了解古蜀文明，也认为这些文物会不会是天外飞仙所留下来的。

古蜀国确实是迷雾重重，它不同于中国历史上的其他朝代。

关于古蜀国的故事，都流于非正式文献或者民间传说当中。那古蜀国的国门又是怎么被推开的呢？这恐怕得追溯到1929年的那个春天。

1929年春日的某一天，广汉南兴镇的农民燕道诚与儿子燕

06 叩开古蜀王国的神秘之门

>>> 祭山图玉璋（摄影：秦磊）

青保在家门口不远的地方挖掘沟渠，准备引水灌溉。

这个燕青保年轻力壮，工作很有积极性。他埋头苦干，挖着挖着，突然就挖到了一块石头。他扔了锄头，扒开泥土一看，发现阻挡他工作进度的是一块很大的石环。这块石环，现在被放在三星堆博物馆的玉石器展览区。那上面刻了"燕三太"三个字。

由于石环太大，燕青保一个人搬不动，只好求助于他的父亲燕道诚。燕道诚于是也跳进了坑里，和儿子一起，合力抱起了大石环。万万没想到的是，在这个石环的下面，竟然是一堆数不清的玉石器。燕青保和他父亲燕道诚当时就惊呆了。

这个燕道诚并不是普通的农民。他读过私塾，受过教育，所以非常明白他们这回是挖到了宝贝！两人很快就镇定下来，沉着冷静地掩埋好了现场，然后就收工回家去了。

等到夜里二更时分，月黑风高，伸手不见五指，燕家五口却是倾巢而出，悄悄地来到发现玉石器的地方，将所有的宝贝都挖了回去，这一次统共挖了三四百件文物。

但是燕道诚为人十分低调，他将宝贝放在家里，没有声张。

直到一年以后，他才拿

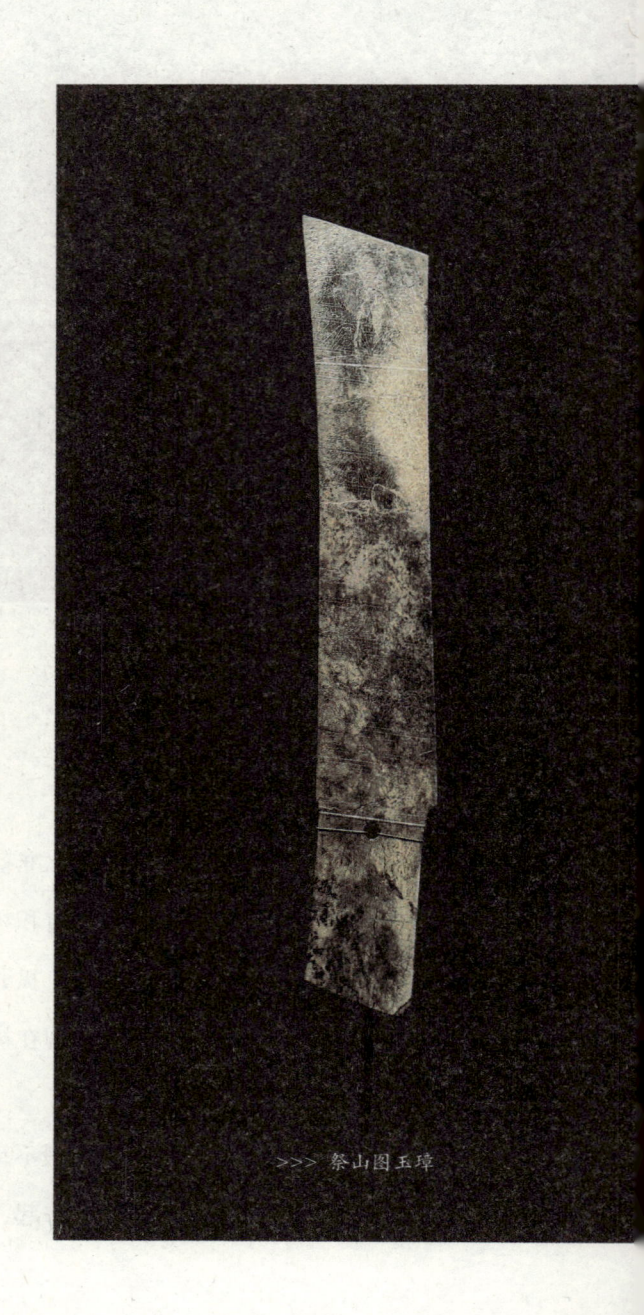

>>> 祭山图玉璋

06 叩开古蜀王国的神秘之门

>>> 玉戈　　　　　　　　　　>>> 玉凿

古蜀之国：三星堆国宝背后的蜀地文明

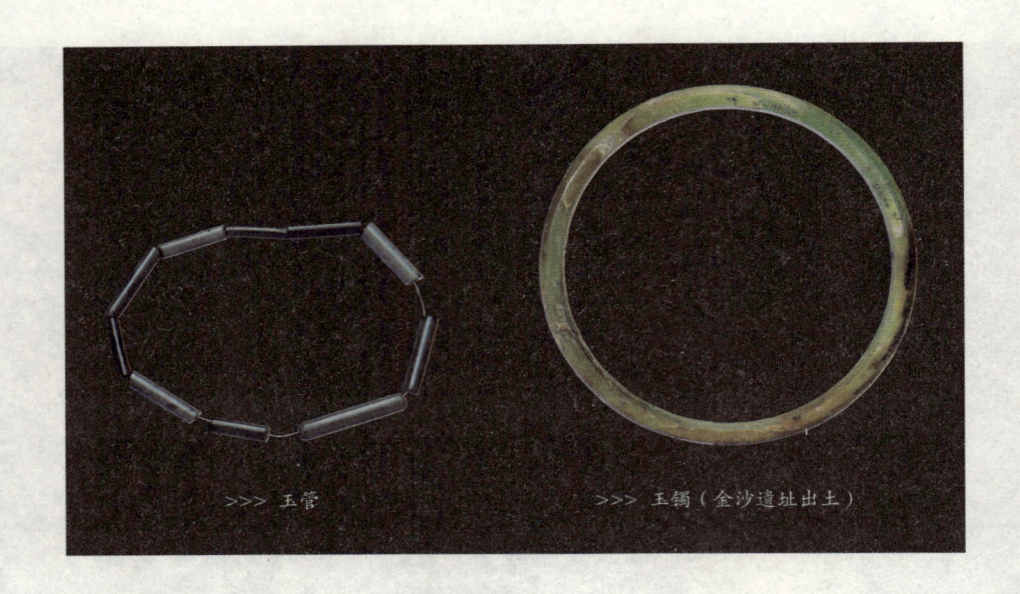

>>> 玉管　　　　　　　　>>> 玉镯（金沙遗址出土）

了部分出来作为馈赠的礼品，送给了亲朋好友。这一送，事情也就被传开了，然后就引起了英国传教士董宜笃的注意。

董宜笃没有直接去找燕道诚，而是通过当地的驻军旅长陶宗伯，从燕道诚的家里借了五件玉石器来看。然后又经过华西协和大学美籍教授、地质学家戴谦和先生的一个鉴定，才得以判断出，这些文物正是来自商周时期。

可是，直到1934年的3月，在士兵荷枪实弹的保护下，华西协和大学博物馆馆长、美籍教授葛维汉和华西协和大学博物馆副馆长林名均才带着考古队来到四川广汉月亮湾，开始了三星堆遗址的第一次正式挖掘。

古蜀王国尘封已久的国门，这才被轻轻地叩开了。

由于没有正史的记载，探寻古蜀文明的这条路，走得是异常久远，也异常艰难。

没有人知道，还要等到什么时候，才能在历史的长廊里，看见那属于古蜀之国的熠熠光芒。

>>> 凹刃玉斧

仙踪难觅的古蜀文明

当镜头再次推向1934年3月，这是三星堆遗址的第一次正式挖掘。

为了开启这次正式挖掘，还经历了颇多周折。

据说，在燕道诚将文物藏家一年之后，他为了想要出售这批文物，就将一块玉瑗送给了当时的广汉驻军旅长陶宗伯。陶宗伯在收到玉瑗之后，就找专业人士瞧了瞧。这一瞧，可不得了，原来竟是无价之宝。

于是陶宗伯就以军事训练作为借口，派了一个连的士兵，进驻燕道诚挖宝的地方，进行了夜以继日的挖掘。

同时，成都著名的金石学家龚熙台也慕名前来，从燕道诚的家里买了四块玉器。在对玉器进行了仔细的研究过后，他写了一篇《古玉考》，发表在成都东方美术专科学校校刊的创刊号上。

此后，大批的古董商蜂拥而至，在广汉地区挖掘探宝。

看到这种情况，当时的广汉县县长罗雨苍意识到了问题的严重性，他认为这些文物都应该是归国家所有的，于是立即下令，禁止一切的私人挖掘行为。

到了1934年3月15日，华西协和大学博物馆的馆长——一个名叫葛维汉的美国人，和华西协和大学博物馆的副馆长林名均，这两人领头，组建了一个考古挖掘队，在广汉三星堆月亮湾，开始进行发掘工作。

这一次发掘工作，同时也揭开了中国川西平原考古的序幕。

从第一铲子下去，到最后收工，一共持续了十来天，出土的文物有石璧、石刀、玉珠、陶罐等器物和残片，大约是六百件。

由于当时文物保护的条件有限，广汉县县长罗雨苍就将所有文物捐给了华西协和大学博物馆，由华西协和大学博物馆来进行保存和研究。

后来，燕道诚也意识到了文物保护的重要性，于是将收藏的文物捐出一部分给华西协和大学博物馆。通过这一次的发掘，在社会上引发了一场"巴蜀文化"的研究热潮，引起了中外学者的热切关注。

但是后来由于客观条件不太允许，就没有再继续进行挖掘。

07 仙踪难觅的古蜀文明

直到中华人民共和国成立之后,文化得以发展,在1953年,著名考古学家冯汉骥先生来到广汉马牧河附近,发现了一些新石器时代的石器和陶片。他判断,月亮湾与三星堆都是古文化遗址区域。

又过了10年,冯汉骥在燕家院子附近发现了房屋建筑的基址。当时冯汉骥就做出了判断,他说这一带的遗址如此密集,很有可能就是古代蜀国的一个中心都邑。

从1929年第一次发现古蜀国的文物,到被判定为古蜀国的都城,三星堆就用了34年!

到1975年春天,广汉南兴镇二砖厂的工人在三星堆

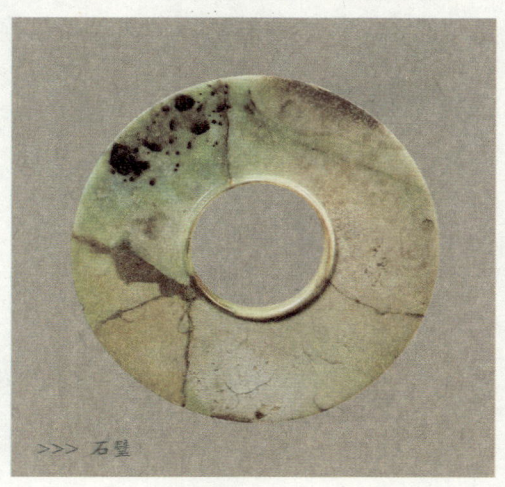

>>> 玉珠

>>> 石璧

古蜀之国：三星堆国宝背后的蜀地文明

>>> 陶高柄豆

>>> 陶豆

取土烧砖时，发现了大量的陶器残片，便立即向砖厂领导进行了汇报。在1975年，广汉人民已经有了很高的觉悟，知道自己所生活的这个地方，可能就是神秘的古蜀国的王都所在地。所以在发现文物时，老百姓们会立即自发地对文物采取保护。

砖厂领导又向上级汇报。最后，是由广汉县文化馆文物干部敖天照老先生，在收集了材料之后，向当时的四川省文物管理委员会做出了情况汇报。

于是，四川省考古队才开始对广汉三星堆进行考察以及挖掘筹备。

此后又过了很多年，这期间也经过了多次的考察与挖掘，以及国内外考古学家的研究，最终判断三星堆遗址的范围大约在12

07 仙踪难觅的古蜀文明

平方千米以上,是四川迄今为止发现的范围最大的一处古文化遗址区。

可是,古蜀国依旧是仙踪难觅,迷雾重重。

>>> 陶鸟头耙勺

>>> 玉璋

了不起的古蜀王

　　1986年7月30日的凌晨3点，四川广汉三星堆的考古挖掘工作还在进行当中。

　　驱走了黑暗的白炽灯仿佛太阳一般，悬挂在遗址坑旁边为周遭照亮。

　　在灯光的照耀下，突然从遗址坑中闪耀出一道夺目的金光——挖掘人员被震撼到了，他们意识到这将是一件非同寻常的器物，于是不动声色地迅速将那道金光掩埋在泥土里。

古蜀之国：三星堆国宝背后的蜀地文明

>>> 金杖

几个小时以后，清晨的第一抹阳光从天上倾泻下来，在武警战士的保护下，考古工作人员将那道"金光"从地底下"请"了出来。

那是一根一米多长的金杖，在金杖的上面，刻有鱼和鸟以及戴着王冠的人，还有麦穗。

这代表着什么呢？毫无疑问，这应该就是权力的象征，是古蜀王的权杖。

既然蜀王的权杖已经出现了，那么蜀王本人，他在哪里呢？

1986年9月，在距离出土金杖的一号祭祀坑东南方向20~30米的地方，有一个身躯被拦腰截断的青铜大立人被挖掘了出来。

他就是后来被判断为古蜀国至高无上权力的拥有者——蜀王，也是大巫师。

随着青铜大立人一起出土的，

08 了不起的古蜀王

还有大量惊为天人的古蜀国圣物，它们造型各异，充满着独特的个性，它们背后的故事叫我辈后人无限神往。

古蜀王真是了不起，他的国度到底有怎样的制作工艺，为何能打造出如此精美的器物呢？

其实关于古蜀国和古蜀王，在一些地方志、野史当中，是有一些文字记载的。

譬如，在汉赋四大家之一的扬雄所著的《蜀王本纪》、东晋常璩的《华阳国志》、周朝鲁国国史《春秋》以及被称为中国上古历史文献汇编的《尚书》当中，都有关于古蜀国或者古蜀王的记载。

关于《蜀王本纪》，这是最早一本撰写蜀国历史的著作，但是这本书的全稿现在是找不到了，只有部分内容被收录于其他古人的著作当中。《蜀王本纪》原本书名叫《蜀本纪》或《蜀纪》，据说因为找不到原书的书稿，到了东汉末年，才又被汇编成书并被改名。

我看到有一些介绍说，明朝万历年间，有一位名叫郑朴的人，从《史记》《文选》当中搜寻，然后再次结集成书，也就是我们现在所知道的《蜀王本纪》。

我觉得这个说法可能是错误的。在与扬雄有关的人物当

金 杖 GOLD SCEPTER

系用金条锤打成宽约7.2厘米的金㎜
皮杖内侧尚存木质炭化物，估计原来㎜
法雕成，分三组；靠近下端的一组为㎜
坠，头两侧有卷角。人头像为弯刀眉㎜
其余两组图案相同：前端是两只相对的㎜
箭，射进鱼的头部，简尾有羽翼。

>>> 金杖（摄影：王瑢）

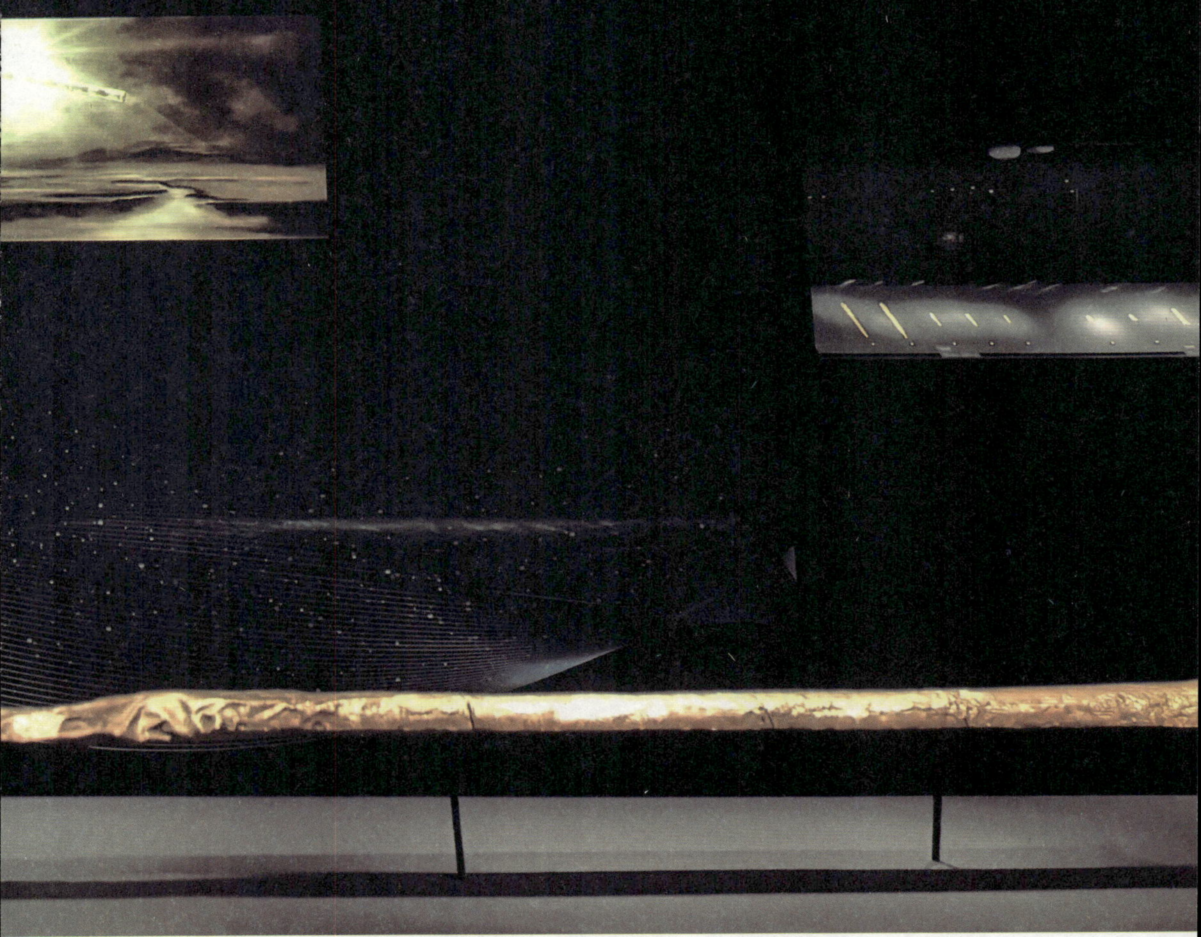

中，郑朴确实存在过，但他不是明朝万历年间的人。

郑朴字子真，是西汉褒中人，也就是现在的汉中。

西汉末年，郑朴意识到王莽要篡夺汉朝的政权，索性就举家搬迁到了云阳谷口，隐居了起来。大司马王凤请他出山，他也坚决不给面子。他的这个行为被传为了佳话。

扬雄在《法言》里就称赞道："谷口郑子真，不屈其志而耕乎岩石之下。"

郑朴在扬雄之前，并非明朝人，又何来《蜀王本纪》是郑朴所结集成书一说呢？

后来，东晋历史学家常璩又将《蜀纪》加以梳理，在常璩的著作《华阳国志》的《序志》一文当中，就细数很大一批《蜀纪》作者的名字，其中包括了大名鼎鼎的西汉文学家司马相如、西汉晚期的道家学者严君平、汉赋四大家之一的扬子云，也就是扬雄本人，还有阳成子玄、郑伯邑、尹彭城、谯常侍、任给事等。文中所说"各集传记，以作本纪，略举其隅"，这个说明什么呢？说明《蜀纪》有很多个版本。

我国学术界对于《蜀王本纪》的作者存在着很多的争论。譬如中国历史学家、古文字学家徐中舒先生就认为《蜀本纪》（或《蜀王本纪》）的作者应该是蜀汉时代的谯周，而不是西汉时的扬雄。

但这只是题外话罢了，说这些只是想要证明，四川的古历史真的不能凭空妄断，就连一本古方志的作者是谁，都会有很多的争议。

08 了不起的古蜀王

所以有时候，我们想要去寻找历史的真实，是非常艰难的。

可什么是历史的真实呢？古文献的记载就是当时真实的情况吗？

如果真按照《蜀王本纪》当中对于古蜀国和古蜀王的记载，直白地来进行解说的话，恐怕是没有办法叫人信服的，因为《蜀王本纪》当中所说的更像是神话传说。

内容有记载：

> 蜀王之先名蚕丛，后代名曰柏灌，后者名鱼凫。此三代各数百岁，皆神化不死，其民亦颇随王化去。鱼凫田于湔山，得仙。今庙祀之于湔。时蜀民稀少。后有一男子，名曰杜宇，从天堕，止朱提……望帝积百余岁，荆有一人，名鳖灵……

这个鳖灵，就是后来被古蜀先民称为丛帝的开明王。

那么现在就可以看得出，在可查的古史典籍里所获知的蜀王名字，统共有五个，分别是：蚕丛、柏灌、鱼凫、杜宇、鳖灵。

接下来，我们就逐一来认识一下这五位了不起的古蜀王，领略他们的丰功伟绩。

古蜀之国：三星堆国宝背后的蜀地文明

>>> 金箔虎形饰

蜀王蚕丛

关于蜀王蚕丛,我们先看一看古人的典籍里有何介绍。

在《全上古三代秦汉三国六朝文》卷五十三所引:"蜀之先称王者,有蚕丛、柏灌、鱼凫、开明。"

在《太平御览》所辑:"蜀王之先,名蚕丛。"

而《华阳国志》当中,则是:"蜀之为国,肇于人皇,与巴同囿。"

这些典籍都不约而同地说到了一个点,那就是古蜀国的第一代王,他的名字叫作蚕丛。

可是,蚕丛究竟是一个人,还是一个部族呢?

按照我们对古部族的了解来看,他首先应该是一个人的名字,接着是一个部族的名字。

在《华阳国志》当中的那段介绍蜀王的记录,后面是这么写的:"至黄帝,为其子昌意娶蜀山氏之女,生子高阳,是为帝喾,封其支庶于蜀,世为侯伯,历夏、商、周。武王伐纣,蜀与焉。"

根据这些古人所著的典籍来看,大概可以有这样一个"解释",而这个"解释"在著名考古学家赵殿增先生的《三星堆文化与巴蜀文明》一书当中,有着非常有意思的介绍。

蚕丛居住在川西平原的山区地带,长得比较独特,眼睛很大。他们最先是住在石头房子里,死了以后,又用石头来做棺椁,这个石棺很有名的,后人又称之为"纵目人冢"。他们最开始是没有固定居所的,但是由于蚕丛族的人擅长蚕桑,因此走到哪里,就在哪里进行以物易物的交易,由此形成了市。时间久了,有些族人也就定居在某一处了,开始了稳定的农业生产。也正因为如此,吸引了越来越多的人投奔蚕丛族,族群也变得越来越大,便在蜀地首先称王建立国家。紧接着称王的还有柏灌氏、鱼凫氏等,他们各自统治蜀国有数百年,当时的人们绾起头发、穿着左边开衽的衣服,还不知道文字,也没有礼仪和乐章。这些人相信自己可以成为神,他们的首领都可以长生不老,所以臣民也能跟随首领升仙而去。

这确实是一幅颇有诗意的蜀王蚕丛开国建勋的历史画卷。赵殿增先生认为,各种史书虽有不经之言,但又都大体照此记述下来,这些可能是更接近于历史的事实,比较客观地反映了蜀国早期社会的历史面貌。

对于蚕丛王是从哪里而来,这些年在学术界有一种说法,听起来似乎很有道理。

专家学者认为,岷江上游的"新石器文化"或者说"石棺葬文化",是蚕丛氏的物质文化遗存,认为蚕丛部族兴许是从我国的西北地区而来,然后逐渐进入四川盆地、成都平原,最后才建立了蜀国。

关于这个说法,我在不同的资料当中都有见到。可见,这是大众比较认可的一种说法。

另外,赵殿增先生在《古蜀文明起源的考古学探索》一文当中也有提到,根据现代民族学方法进行分析,蚕丛氏的族属可能是羌人,或者是被称为"低地之羌"的氐人。氐羌民族形成于我国的西北,蚕丛氏就是氐羌族,大概是从西北入川,他们在岷江上游停留后定居,后来建立了政权。

在四川的阿坝藏族羌族自治州的理县和汶川县境内,就发现了与甘肃马家窑文化相似的石斧、石凿和彩陶,可能就和这种南下的民族文化有关。

当代神话学大师袁珂先生在《中国神话传说》一书中说:"远古时代

的蜀国，第一个称王的，是蚕丛，他曾经教人民养蚕。'蜀'字作为甲骨文，画的就是一条蚕。可见古时四川地方养蚕事业的发达。那时候人民生活简单，没有一定的住地，只是随着他们的国王蚕丛到处迁移，蚕丛所到的地方，那里马上就成了热闹的蚕的市集。"

这种解释也是按照《华阳国志》当中，对于蜀王、蚕丛的记述来展开的。而在丁山先生所著的《中国古代宗教与神话考》当中，对蚕丛和鱼凫的介绍里，都提到了一个神话系统里非常重要的人——颛顼。

颛顼是谁呢？他是轩辕黄帝的孙儿，位列上古五帝。

在陈显丹、肖先进、刘家胜所著的《三星堆奥秘》一书当中，就对蚕丛王的来历进行了非常有趣的介绍。

在很久很久以前，传说盘古王开天辟地后，在中国的大地上出现了三位分别管天地人事的天皇、地皇和人皇。当时天下被分为青州、雍州、冀州、梁州（现在的四川区域属于当时的梁州）、兖州、徐州、扬州、荆州、豫州九大部州。

话说三皇的人皇氏有九兄弟，他们分别执掌天下九州。在人皇的后裔当中有个名叫黄帝的，他智勇双全，打败了不可一世的蚩尤，后来在今四川茂县的叠溪娶了蚕陵氏之女嫘祖为妻。

嫘祖，小名叫女邛，又名皇娥。十五岁时就发明了一种养蚕织锦的方法，有"中国第一个女发明家"之称（有待考据）。

09 蜀王蚕丛

黄帝和嫘祖结婚后,生了两个儿子,一个名叫青阳,一个名叫昌意。这两个儿子后来都被派往人间。

青阳降居在今四川西北地区的湔江一带,与当地女子结了婚,在今天茂县的石纽乡刳儿坪生下大禹。大禹治水就是先从岷江上游治起,后来治长江巫峡、瞿塘峡等,这都是后话。

昌意降居在今四川西部的雅砻江一带,与居住在今茂县与汶川之间的蜀山氏之女婚配,婚后生了个儿子,名叫颛顼。后来,颛顼与共工争夺帝位,将共工击败于不周之山。

颛顼死后,变为北极星。他的子孙后代就封于蜀,并世代相传为王。第一代王是善于养蚕织锦的蚕丛氏。

这是民间流传的一种说法,可能其中有很多的细节是有漏洞的。但是民间传说的演绎,本来就是经过百姓口口相传流传下来的,在这个过程当中,必然会有一些添油加醋、张冠李戴的情况出现,所以其实在听的时候,要有自己的判断能力。

现在,我们只需要弄明白一件事,那就是蜀王蚕丛,他在各种版本的传说当中,都是轩辕黄帝与嫘祖的后人,是古蜀国的第一代王,是开国之君。他最大的功绩是将"野蚕"驯养成了"家蚕",并且教老百姓种桑、养蚕。

至于古蜀国与中原上古帝王之间的关系,后续内容会有更加详细的介绍。

>>> 模拟祭祀大典

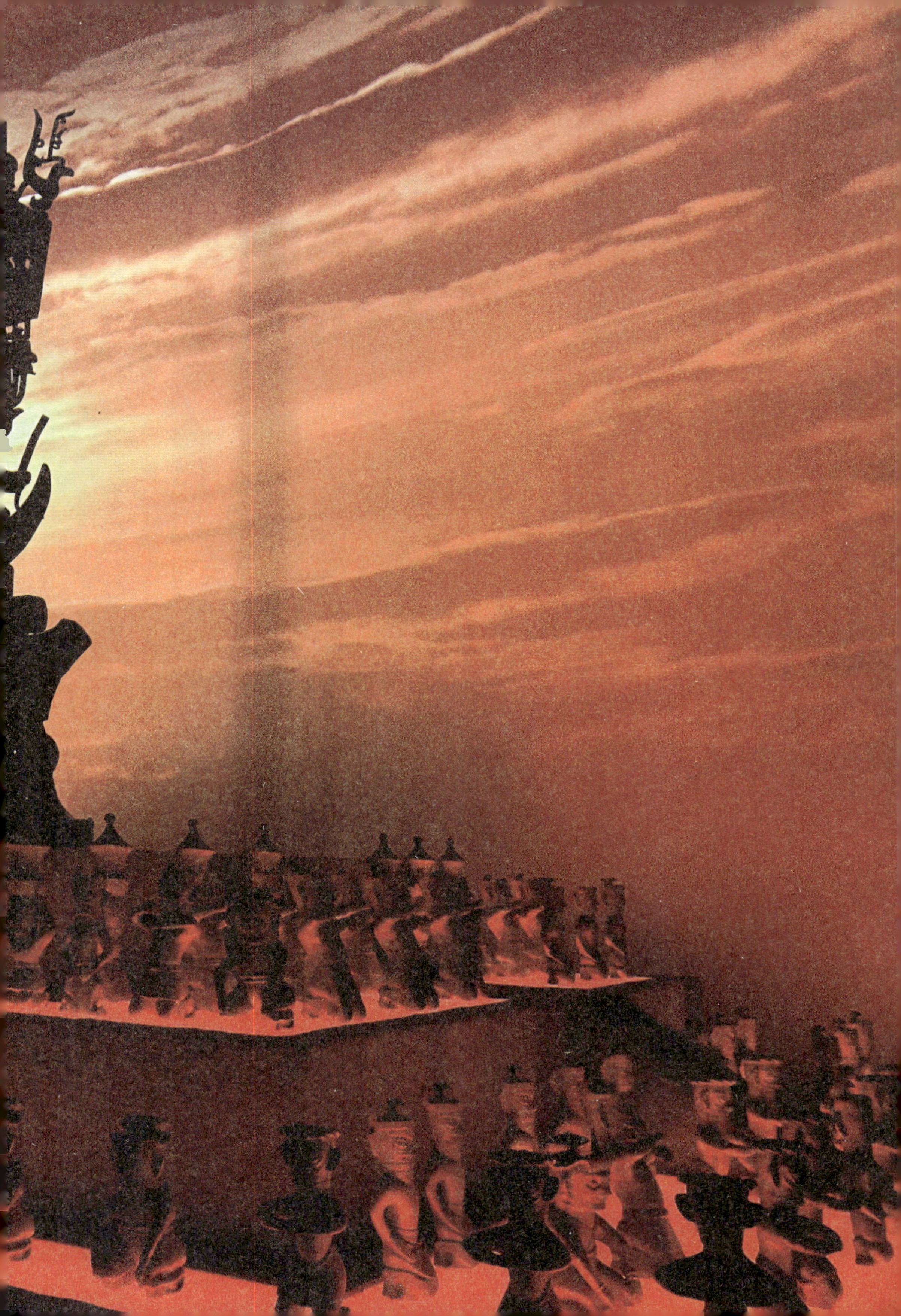

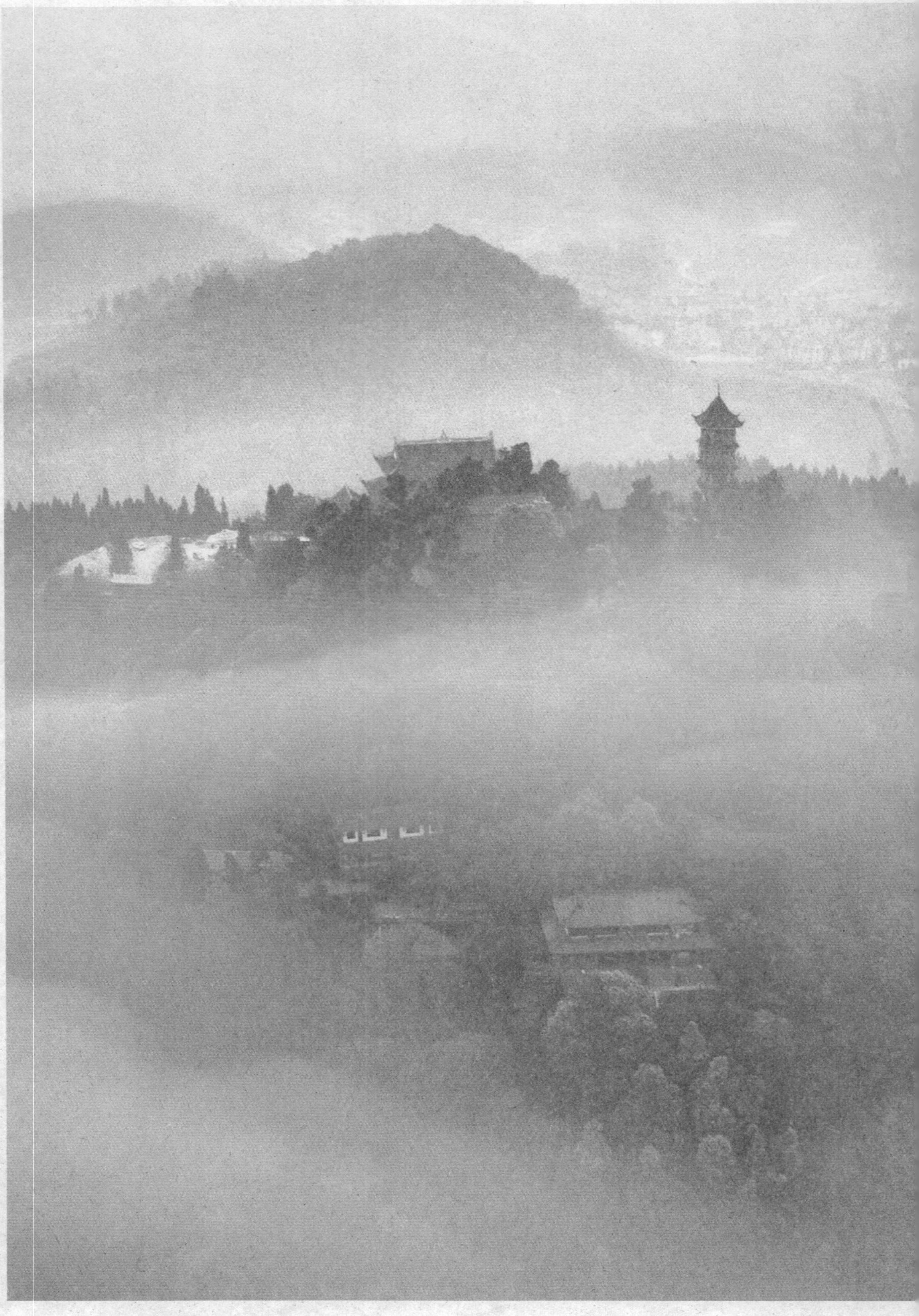

最神秘的柏灌王

10

关于柏灌王的资料记载，是相当少的。

在《走进三星堆》一书当中，作者也只是用很简短的一句话进行了概括，这句话就是："关于第二代蜀王的古史传说记载几乎是空白，称为'柏灌'，应该是一个以柏灌鸟为族徽的部族吧。"

我翻了许多资料，历史上对柏灌王的介绍实在是少，往往是一言概括，说蜀王柏灌是古蜀国的第二代王，他的王都可能就是现在四川成都新津的宝墩古城遗址。难道，作为一个王朝的国主，在历史上，在神话传说里，就只流传下来一个名字而已？

后来，听说在四川成都新津的老君山上，有一个柏岭洞，据说是第二代古蜀王带领部族迁徙至新津时，暂时居住的第一个地方。

我特别有兴趣，便慕名前去采风。到了老君山之后，我采访了一些道长。道长们却众口不一，有的说那山洞名叫"轩辕洞"，是以前轩辕黄帝在此地留居时居住的地方。但他们说的那个洞实在是很小，而且现在还供着菩萨。

又有人说，有几个山洞在红豆山上。我于是去看，确实是有山洞，但是不敢往里头走，怕有蛇。这个山洞感觉像是人工挖出来的，不太像是经历了几千年的天然溶洞。

当地宣传部门的工作人员提到

>>> 万人奋战老君山，军民共造速生柏（1984年4月，新津区档案馆提供）

>>> 林前的老君山（1984年4月，新津区档案馆提供）

10 最神秘的柏灌王

>>> 老君山晨练（摄影：周建勇）

新津与彭山交界的地方，有一个天然溶洞，很有意思，不知道是否就是我要寻的那一个。

于是我来到新津与彭山交界的地方，探访香山仙洞。

香山仙洞确实是一个自然形成的溶洞，很长，很窄，很深，溶洞至少长达几千米。地面是石块，高低不平，没有任何人工雕琢的痕迹。在石头上面，流淌着山泉水，整个溶洞的温度很低，特别湿冷。我往里头走了一段路，洞越来越深，心里有些打怵，便没有再往更深处走去。

>>> 新津老君山

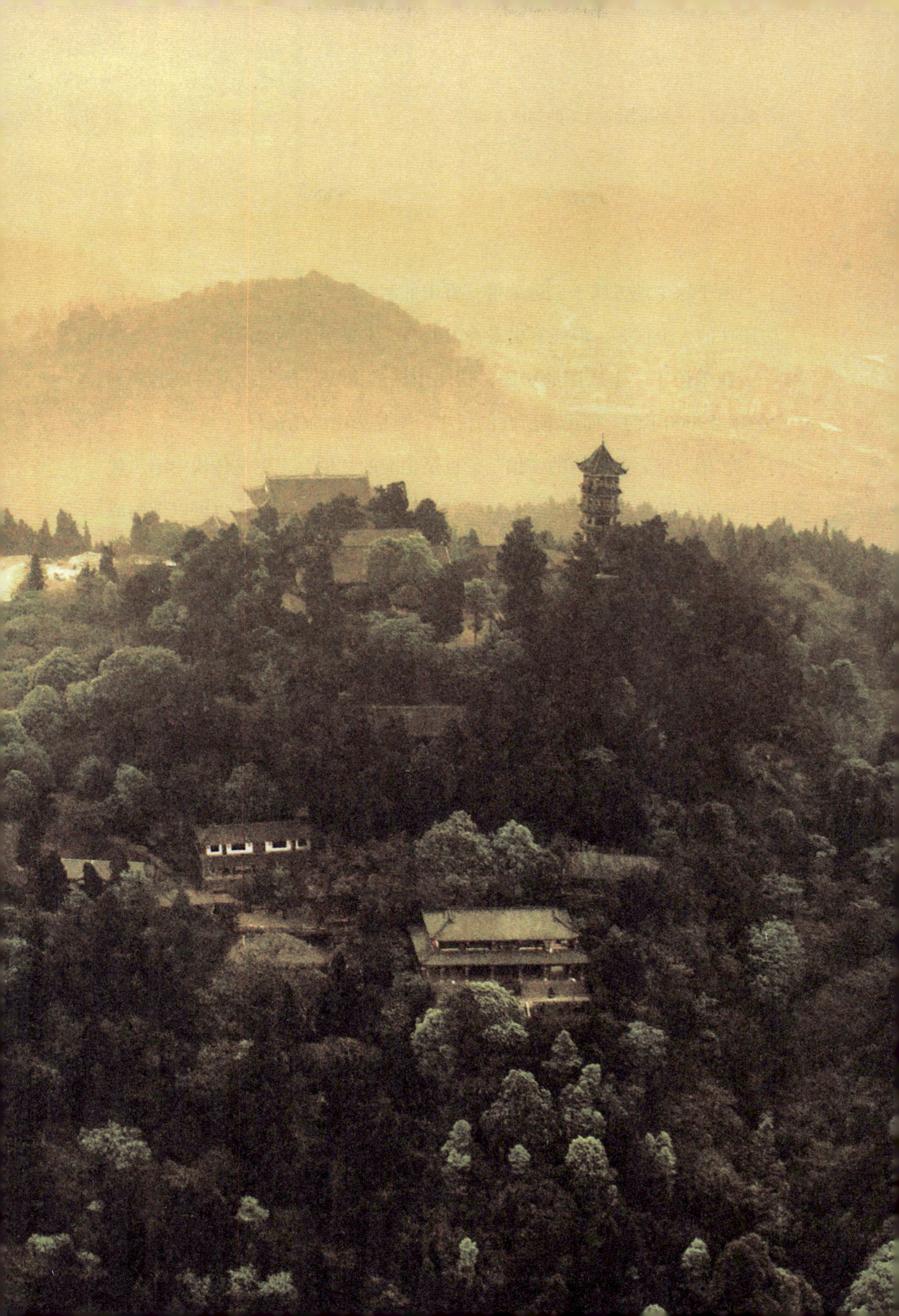

由于这个地方属于偏远地带，香山仙洞并没有被好好地保护起来，周边居住的人也很多，但能看出来香山仙洞确实是个天然的溶洞。

我采访了一下周围的居民，这座山洞的形成年代，据说可以追溯到200年至4000年前。而山洞所在的村庄，则是彭山的柏杨村。

"柏"字，是柏树的"柏"，也是柏灌的"柏"，更是传说中第二代蜀王柏的"柏"。而"杨"字，我们可以理解成一棵杨树，也可以理解成是一个姓氏，或者是一种民族信仰。

羌族人，崇拜羊。我在2019年初的时候，到四川阿坝藏族羌族自治州待过几天，走访了一些羌族家庭，我发现他们几乎每家每户都会挂一个羊头。

这个羊头，有些是自己家养的，有些是家里的青壮年在山上捡回来的。他们将羊奉为自己的祖先，以羊来祭山是古羌族的重大典礼。

在羌族少年的成人礼上，羌族的巫师还会将白羊毛线拴在他的脖子上，请求羊神赐福保佑，也寓意少年与羊合二为一。

至于羌族巫师的打扮，他们所戴的帽子有两个角，都是用羊皮制作而成的，而他们所用的法器也是用羊角、羊皮、羊骨做成的。

有这么一个传说，据说羌族在迁徙的过程当中，巫师由于劳累过度，昏昏入睡，手上的经书就掉在了地上，结果被羊给吃掉了。经书被吃掉了怎么办呢？谁给指路呢？没想到这只羊竟然托梦给了巫师，说："等我死了以后，就将我的皮做成鼓，只要你敲三下，经书就会从鼓里掉出来。"

其实从这个故事来看，羊是被羌族人赋予了至高无上的地位的，甚至是高于巫师的地位，它是羌族文化神圣的传承者。

在羌族人死后，是要杀一头羊为死者引路的，俗称"引路羊子"。羌族人认为，死者的病都可以在羊的身上反映出来，杀死羊，就能寻到死者的病根；并且他们认为羊是人的一半，他们将羊血洒在死者的手掌上，意思是说人骑着羊归西而去。在一些羌族地区，还有人习惯用羊骨和羊毛线占卜，用来预测吉凶。

在多个资料记载当中都有指出：柏灌族，实际上就是古蜀国前期部落氏族社会的一个阶段，是羌族的一个分支。

言归正传，柏杨村是否可以理解为就是羌人柏居住过的地方？

假如非要在现有的几个山洞当中，确定一个作为神话传说中第二代古蜀王柏来到成都平原以后，选择留下来的第一个住所，说不定，成都彭山的这个香山仙洞，就是传说中的"柏洞"。

也许，他们在这里休养生息之后，发现这一段山脉之下就是广袤的平原，于是走下山去，选择在平原上的河流旁边，安营扎寨，繁衍生息。

可是，为什么第二代古蜀王朝叫柏灌，而不叫柏杨，或者直接叫蜀王传说中的名字柏呢？

这其中，有什么别的原因吗？

古蜀之国：三星堆国宝背后的蜀地文明

>>> 成都平原新石器时代古城遗址和巴蜀地区新石器时代遗址

四川最古老的原住民

其实"柏灌"二字,还有另外两个发音。

在《蜀王本纪》当中,是叫作"柏濩"(音"货"),到了《艺文类聚》的时候,又被记录成"蜀王始曰蚕丛,次曰伯雍"。

为什么会出现这样的问题呢?柏灌王到底是叫"柏灌"?叫"柏濩"?还是叫"伯雍"呢?

关于这一点,主要原因还是在于传唱者的发音问题。

古蜀之国：三星堆国宝背后的蜀地文明

VVV 宝墩遗址东城墙中段

VVV 宝墩遗址航拍图

>>> 新津宝墩子

11 四川最古老的原住民

>>> 宝墩遗址（摄影：瞿曲）

在中国上古时候，没有文字的那个历史阶段，古人一般是用史诗和歌谣来记载部族的历史。而这些史诗或歌谣，通常是由部族的祭司进行保存。每当遇到部族的大事，比如说大祭祀、年节之类的重大节日，需要告慰神灵以及先祖之时，便由大祭司吟唱出来。等到这一位大祭司快要死去之前，他又将之传授给下一位大祭司。如此便是口口相传，代代相传。这就是民间传说最早的版本。

而《蜀王本纪》本来就是对民间传说的收集记录。

到现在，大家对于第二代蜀王究竟叫什么名字，已经统一了意见，就叫"柏灌"。至于他的部族由来，被认为是柏灌氏羌族。

柏灌氏羌族到底有什么来历呢？这就得回到"古蜀国的先祖究竟是谁"这个问题上。

关于古蜀国的先祖，还有一种有别于是黄帝后裔的说法，说是古蜀人的先祖分为冉族和羌族。

在这个阶段，讲一讲冉族是十分有必要的。

冉族在历史上主要活动在四川西部山区，汶川到若尔盖地区和岷江流域一带，是秦朝最大的少数民族之一。经过历史的千年演绎到今天，冉族人已经被汉化了，主要分布在今天四川都江堰、彭州、温江、大邑、邛崃、崇州、蒲江、新津和双流一带。这些地方的人们说话口音相近，还保持着相似的生活习惯，这也许就是因为有着共同的先祖而流传下来的。

柏灌王也是羌族人，跟冉族有什么关系呢？

现在比较大众的一种说法是，冉族人是氏族人的分支。而羌氏同族，又是另一种比较广泛的说法。

还有人说冉族人是元谋人迁徙过来的。更有一部分人坚持认为，冉族就是古代四川的本地土著，并非是什么外来人员。

众说纷纭，各种说法亦争论不休。

曾看到过这么一个记载，说是蜀地文明时期也分为几个族群，分别是蜀山氏冉族、蚕丛氏羌族、柏灌氏羌族、鱼凫氏冉族、开明氏蜀族。

11 四川最古老的原住民

这个记载比较有意思，但是它好像漏掉了古蜀国的一个王朝——杜宇王朝，也有可能是把杜宇王朝与开明王朝合二为一了。

在这种说法里，还有一个颇为矛盾的地方，便是蜀山氏冉族、蚕丛氏羌族。冉族与羌族是一个共同体，还是分别不同的两个古老部族？如果是分别不同的两个古老部族，为什么在某些记载里，又说冉族的杰出代表人物是蚕丛呢？

而蚕丛，又与柏灌同属羌族。这里所说的羌族，是指从西北迁徙过来的民族。

冉族是古代四川一个非常古老，也非常重要的原始土著民族。大概有5500年的历史，属于游牧文明的末期，也就是采集狩猎时代的末期。他们的活动年代是早于宝墩文化、三星堆文化和金沙文化等农耕文化之前的。冉族是古蜀人的先祖，他们原本是生活在四川龙门山脉到邛崃山脉之间，据说茂县的营盘山遗址，很有可能就是他们曾经生活过的地方。

我看到过这么一段记载："冉族部落的中心最早是在今天四川省阿坝州境内的川主寺一带，这里土地肥沃，资源丰富。冉族人与其他大多数游牧民族依山而住、依洞而息的生活习性不同，他们喜好定居的生活。他们很早就人工建造固定居所，称为'邛笼'，并且长期居住在这里。稳定的居所使他们开始种植农作物，驯化和养殖各类家禽。所以，冉族是我国很早发现和从事农耕的民族之一。

"随着农耕的兴盛，冉族人开始走出大山，向更加适合耕种和灌溉

>>> 丘陵晨光（摄影：周建勇）

古蜀之国：三星堆国宝背后的蜀地文明

的成都平原西部、岷江上游沿岸迁徙。一部分冉族人最终定居在沱江上游的湔江沿岸，也就是现在的广汉市。他们善于养蚕，他们的部落首领天生'纵目'，所以人们称这支冉族人叫'蚕丛族'。三星堆遗址一期，时间年代是距今5000到3000年，说的就是他们。

"另一部分冉族人则广泛分布在成都平原的西部，也就是今天都江堰、崇州、温江、新津一带，他们的生活痕迹就是现在发现的宝墩文化遗址，距今年代大概是4500年。"

按照这种说法，会不会是由来自北方的羌族与古代四川的土著人冉族，在特定的历史时期内，进行了结合，组成了古蜀人的先祖蜀山氏？而蜀山氏又分别衍生出了蚕丛族、柏灌族、鱼凫族呢？

这种说法相对而言，还算比较客观的。

我还看到过一些其他说法。其中一种说法是，柏灌王是炎帝蚩尤部落的后裔，宝墩古城遗址是蚩尤建的城址；另一种说法是，柏灌王是被大禹兼并的诸侯，为了巩固自己的统治，大禹将柏灌族的余部带到了山东一带，并说山东寿光市东北一带有一个斟灌氏部落，对外人说自己是大禹的后代，是从遥远的地方迁徙而来的。现在的"湛"姓，就是柏灌族的后裔。

如果这样认为的话，那么宝墩古城遗址是由于大禹的战争而消失的？

以上这些说法仅仅是历史爱好者们的臆测，并没有事实依据。但因有了争论，才更加证明了其重要性。

11 四川最古老的原住民

在很多介绍古蜀文化的书籍里,为了避免阅读的晦涩性,相关专家直接将冉族归类为蜀山氏了。因为一旦要深入介绍古代四川的本地土著,除了冉族之外,还有氐人族、戈基人族、古羌人族,还有炎帝部落、黄帝部落、蚩尤部落等。

那些部族的名称,叫人眼花缭乱,一不小心就跌进了蜘蛛网似的关系结构里,搅得人心如乱麻。

假如化繁为简,蚕丛族、柏灌族、鱼凫族又是怎样的一个关系呢?

古蜀之国：三星堆国宝背后的蜀地文明

>>> 鹰形铜铃

沉默的历史关系

此时再来看看，古蜀王朝的几大部族。

在蚕丛之后，第二代王的名字叫作"柏灌"。到了第三代，古蜀国国王的名字，又被称为"鱼凫"。

《蜀王本纪》里在介绍完这三位蜀王之后，做了一句很特别的总结说"此三代各数百岁，皆神化不死"。意思是说这三代王，每个都有数百岁，都成了神，有着不死之身。

从科学的角度来看，人活几百岁显然是不可能的。所以《蜀王本纪》里的这句话应该指的是王朝的寿命。

古代的国家政权，犹如家族企业，一代传一代。

蚕丛、柏灌、鱼凫、杜宇、鳖灵会不会就是古蜀国执政者的部族名字呢？而这每一个朝代，又都各自延续了几百年。

所以，古蜀国被划分为五个政权时代。

但是有一点，蚕丛、柏灌、鱼凫应该是属于同一个宗族的，正如我们前文所说的同属于蜀山氏。而后出现的杜宇与开明，很有可能是外来部族与当地政权结合所产生的新的政治体系。

关于蚕丛的记载，在古代神话中，又将他称为"蚕神"。他是古蜀国首位称王的人，据说他的眼睛是"纵目"。

什么是"纵目"呢？其实在三星堆遗址的青铜纵目面具出土之前，大家都不知道究竟是长成什么样子。直到后来，在三星堆遗址二号祭祀坑挖出了三件青铜纵目面具，大家才明白，原来所谓的"纵目"，就是指眼珠子往外面凸出来。

这三件文物，说起来是面具，但实际上根本就没办法挂在脸上，因为实在是太大了。它们应该是被供奉在神庙里的神物。

其中一型青铜戴冠纵目面具就高达31.5厘米，宽77.4厘米，通高是82.5厘米。另外一型青铜纵目面具则更大，它的宽度是138厘米，高度是66厘米。

有学者认为，这个应该就是蜀王蚕丛的造像，也有可能与上古神话当

12 沉默的历史关系

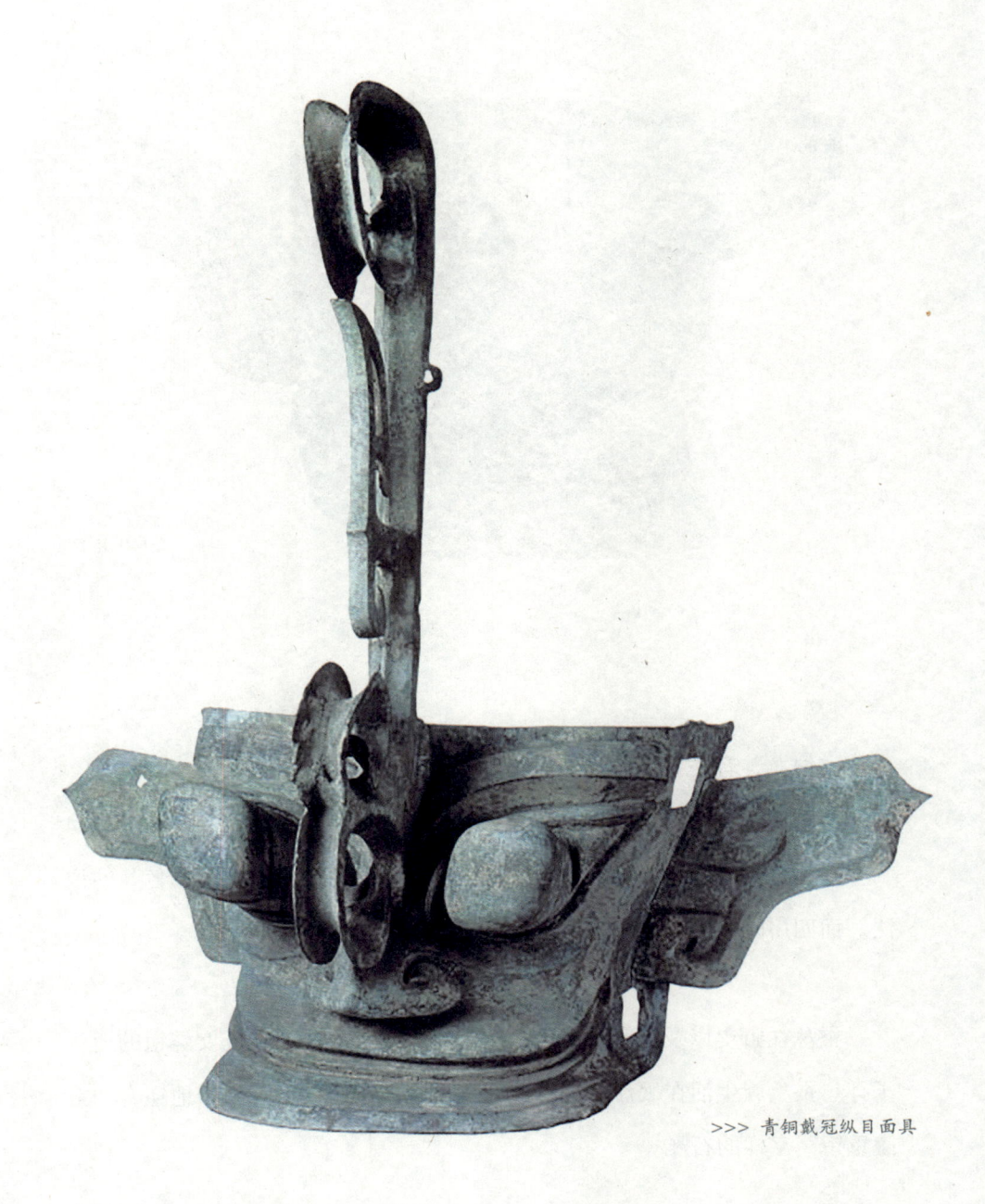

>>> 青铜戴冠纵目面具

古蜀之国：三星堆国宝背后的蜀地文明

>>> 青铜纵目面具

中的"烛龙"有关。

而烛龙又有一种说法，说它是太阳。

在清朝学者俞正燮的《癸巳类稿》当中便有"烛龙即日之名"的说法。而四川因为地貌特殊，自古以来就有太阳崇拜的信仰。

蚕丛在野史以及民间传说中，据说是轩辕黄帝与西陵氏女嫘祖的后代子孙。蚕丛族生活在岷江的上游，在现在的四川茂县蚕陵，当地还有"蚕陵重镇"字样的石雕。

后来因为一些原因，有可能是逐渐有人往成都平原迁徙，发现了那里的富饶；也有可能是山体发生了重大的地质灾害，造成了蚕丛族的巨大损失；也有可能是因为夏王朝末期与商王朝早期，中原部族对蚕丛族进行过侵略，蚕丛族不得不举族迁徙，在迁徙的途中部族分散、破裂，以至于到了成都平原以后，出现了分据一方的局面。

2018年8月，封山修建了6年的瓦屋山重新开山营业，我曾去参观采风。当时我见到过一个地方，叫作"蚕丛墓"。据说蚕丛王死后，就葬在了那里。

那么，它是历代蚕丛王的墓地，还是迁徙之后蚕丛余部首领的墓地呢？这便无从考证了。

蚕丛族在四散流入各地的分支当中时，其中有一支进入了彭州地区。

由于是战争的残存余部，这一支部落族人的日子时常过得提心吊胆，一天到晚都躲在丛林里，苟且偷生，甚至看到天上自由飞翔的鸟群也觉得无比羡慕。

于是，他们就将族名定为柏灌。柏灌，在某些说法里，是一种鹳鸟的名称。

当然这个只是民间传说，当年在宝墩遗址采风的时候，当地的老人给我讲过这个传说。不过，柏灌王朝作为一个以鸟为图腾的古老政权，得到了大部分人的认可。

古蜀之国：三星堆国宝背后的蜀地文明

>>> 喇叭口高领罐（宝墩遗址出土）

>>> 敞口圈足尊（宝墩遗址出土）

>>> 盘口圈足尊（宝墩遗址出土 摄影：唐淼）

新津有个花桥镇，这个镇在过去是开设有蚕市的。

蚕市是四川旧时的一种市场交易形式。每年的正月到三月，成都州城和属县会设有15处蚕市。各地的人都会来蚕市进行交易，买卖桑蚕、花卉、蔬果、药材以及衣物绸缎等。这个风俗习惯据说是从五代时期流传下来的，也有说是从4000多年前蚕丛时期流传下来的。

北宋黄休复在《茅亭客话》当中记述："蜀中有蚕市，父老相传，古蜀蚕丛为蜀主之时，民无定居，跟随蚕丛迁徙，所在即招致为市，进行交易，暂时居住。"后来的"蚕市"，即为这种风俗的遗迹。

目前比较广泛的一种说法是：柏灌族原本是蚕丛族的后人，他们后来迁徙到了现在四川成都新津宝墩一带，在那里安营扎寨，生活下来。

于是就有了现在的被誉为是"古蜀国开国之都"的宝墩遗址。

宝墩遗址出土的文物目前大部分都是一些石器与陶器，没有挖出金银珠宝，也没有气势恢宏的青铜器和精美的玉石器。它的规模是先秦时代王国都城的规模，但是它出土的文物还没有达到与其财力相匹配的程度。

那么，宝墩古城究竟存在了多少年？又是怎么消失的呢？

古蜀之国：三星堆国宝背后的蜀地文明

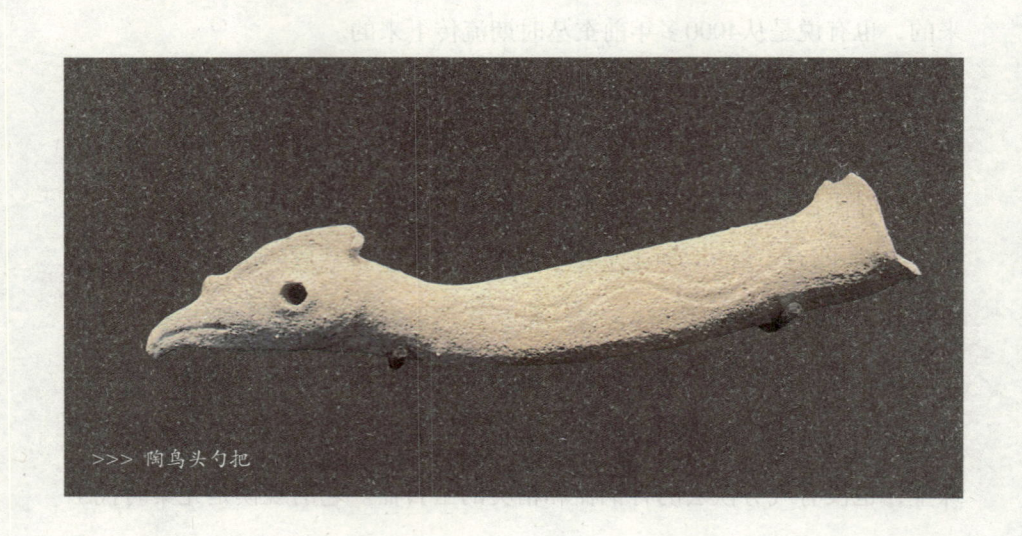

>>> 陶鸟头勺把

部族联姻，合二为一

　　成都新津的宝墩古城最初只有60万平方米，后来扩展到了300万平方米。它的建筑年代是公元前2550年，废弃年代是公元前2300年，这个城市总共存在了250年左右的时间。

　　由于创作需要，我曾分别于2016年、2017年、2019年多次去成都新津宝墩遗址，采访宝墩考古队。

　　从考古队得到的讯息是，宝墩古城被弃用的原因很有可能是水患。宝墩遗址考古队队长唐淼先生还曾经向我讲解分析过，宝墩遗址的土层年代以及每个年代所遭遇的问题。

在宝墩遗址的土层年代之前，就出现了很长一段时期宝墩古城都是被水淹没的土质状态。从而也就得出了一个结论，很有可能当时在宝墩境内发生了一次足以摧毁一切的特大洪水，这场洪水是史无前例的，令国王束手无策。

那么这位倒霉的国王，也就是古蜀国的第二代王——柏灌。

在遭遇天灾之后，侥幸生存的古蜀先民又该去往何方呢？

种种迹象表明，他们要么是重新回到了山上去生活，要么就投奔了宝墩城北面，大约100千米之外的王城。

在那里，生活着古蜀国的另一个部族——鱼凫部族。

因为没有文字记载，只能是通过相似的文物来寻找关联，或者是从当地的山川志及民间传说来寻找蛛丝马迹。

根据两地遗址的出土文物来进行判断，蜀王蚕丛、蜀王柏灌以及蜀王鱼凫，应该是一脉相承，同宗同源。

战争或者天灾导致了蚕丛族人不得不从高山上走下来，来到成都平原，人们不论是自发还是由蚕丛王来进行分配，总之每一支残余部队都会有首领，那么首领很有可能就是蚕丛族的贵族，或者是王子。

在上古时候，一个部族想要在新的地方立足，只有两个选择。第一个选择是打仗。两方对垒，打个头破血流，你死我活。倘若是打了胜仗，就可以占有对方的领地、财产，甚至妻女。

>>> 发掘宝墩古城（摄影：周建勇）

>>> 宝墩遗址发掘场景

>>> 2015年宝墩遗址考古发掘工地航拍图（摄影：唐淼）

0   2.5   5   10 米

但是万一打败了呢？那就只有死路一条。所以战争是残酷的。

想要避免这种你死我活的局面，又能让自己的族人在新的环境里安居乐业，对于部族首领来说，还有一种选择。

这个选择，便是联姻。

无论是外来部族的首领主动示好，迎娶当地土著首领的女儿，还是外来部族的首领将自己的女儿嫁给当地土著的首领，都不失为一个非常绝妙的可以促进两族关系的方式。

通过这样的方式，两个部族互相融合，互相帮助，经过岁月的沉淀，最终成为一个新的部族。

其实古蜀国的第二代政权柏灌王朝和第三代政权鱼凫王朝，应该都是通过这样的方式衍生来的。

为什么会有这样的一个判断呢？

首先我们来看一看"柏灌"二字。"柏"，指的应该是对树的崇拜；"灌"，指的应该是对鸟的崇拜。

做个假设，当高山上的蚕丛族人来到了辽阔富饶的成都平原，和以渔猎为生的当地土著结合，那么这个新生的、大的部族，会不会就以两个部族的名字来命名呢？完全是有可能的。

4500年前的古蜀之地和现在的地貌、气候都有一定的差异性。那个时候的四川属于亚热带气候，比现在要温暖得多，而且还有大象和老虎这样的动物与人们共同生存于这片土地上。

13 部族联姻，合二为一

古蜀先民来到平原之后，选择留下的地方往往都是水美鱼肥的富庶之地。不论是新津宝墩还是广汉三星堆都有一个特点，当地部族都有对鸟的崇拜信仰，也都有渔猎生存的技能。

关于两个部族融合成为新的部族的说法，不光来源于民间传说以及推测，它也是有证据的。三星堆出土的文物上面，就有着非常明显的多部族文化的体现。

>>> 铜鸟

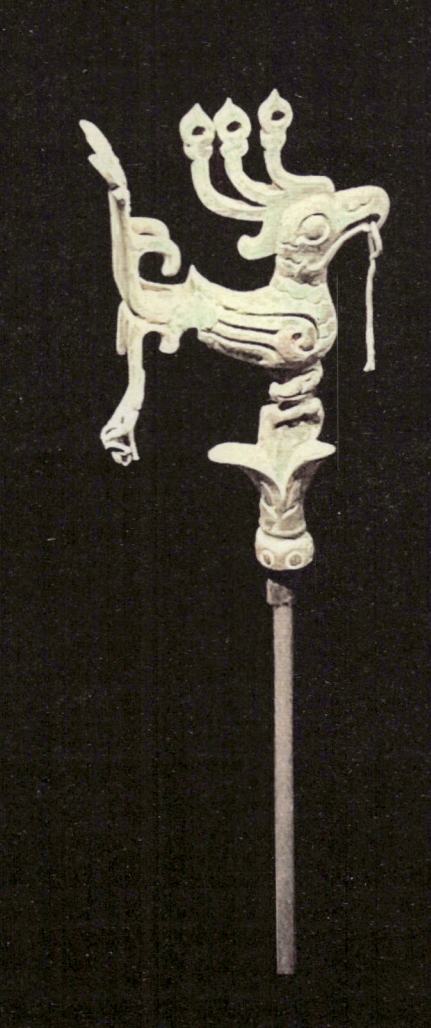

引人遐想的黄金权杖

在四川广汉三星堆博物馆内，陈列着许多以鸟为造型的文物，或者说以鸟和鱼为花纹的文物。

最著名的一个文物，便是之前讲到过的金杖。

三星堆遗址出土的这根金杖，长度约是143厘米，直径2.3厘米，重量大约是463克。这根金杖的出土，令世人震惊万分。同时也是因为这根金杖的出土，出现了一些声音，有人揣测三星堆文明也许来自近东文明。

为何会有这样的推测呢？

根据古文献的记载，与古蜀国同时期存在的夏王朝、商王朝和周王朝，都是以九鼎作为国家最高权力象征。可是三星堆出土的这个象征着权力的金杖，却与中原文化有着一个截然不同的表现，它具有非常浓厚的神权色彩与地域特色。

但是，在古希腊文明、古埃及文明、古巴比伦文明以及其他的西亚文明当中，也有着关于权杖的文化现象。

所以才会有一些专家认为，金杖会不会是近东文明与古蜀文明进行过文化交流的一个成果？

当然这种说法目前并没有被证实。

但是，这根金杖却能够证明古蜀国的第三代政权是鱼凫王朝。因为鱼凫王朝是由两个分别以鱼和鸟为信仰图腾的部族组建而成。

金杖的重量不足500克，很显然它不是实心的。应该是由工匠把金条捶打成金皮以后，再包裹到木杖上制作而成。直到3000多年以后的人们将它从土里挖出来的时候，发现这其中的木杖已经炭化了，只剩下金皮，以及金皮里包裹的一点点炭化掉的木渣。

然而最关键的一个讯息来了。

在这根金杖上面，有大约46厘米长的一段刻有独特的图案。这段占据金杖整体长度1/3的纹路区域，一共是由三个部分组成的。

在金杖的顶端，刻有两个前后大小一致的人头像，笑容可掬。这个人

14 引人遐想的黄金权杖

头像戴着两个三角形的耳坠，头上戴了一个王冠。当然，也有人说那是巫师的头冠。但当我第一次看到他的时候，第一反应是他的脾气可能太好了，所以把他画得极为可爱。这个王冠的样式，可以参考我们在动漫或影视剧中看到过的那种属于王室贵族才能拥有的王冠。

而另外两个部分，则是画了两组背靠着背的鱼和鸟儿。线条非常规整，细致到令人吃惊的地步。在鸟儿的颈部和鱼的头部，还叠压着一支箭状物。

那这些刻画在金杖上的图案到底代表着什么呢？

是符号文字，还是族徽呢？或者说是图画，还是某种宗教符号？

其实在学术界关于金杖上的图案代表的含义，也是众说纷纭。有人认为，这些图案代表分别以鱼和鸟为祖

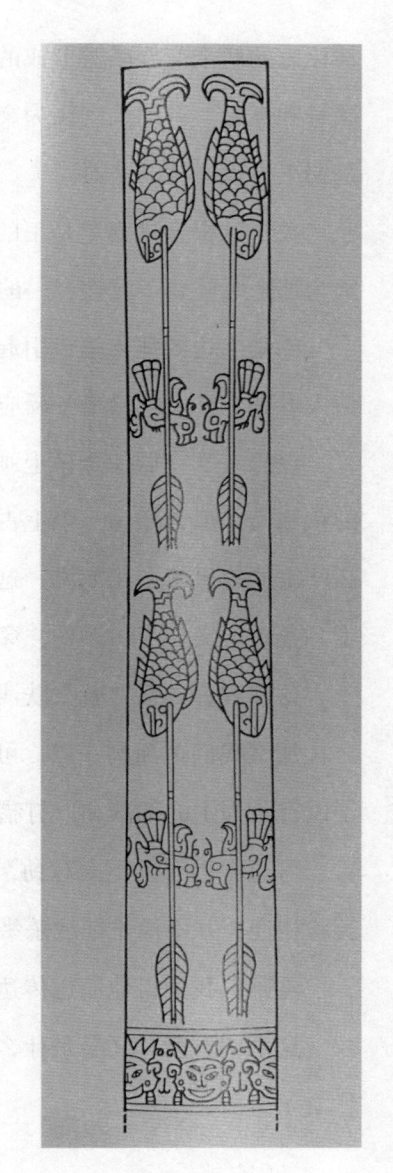

>>> 金杖细节图

101

神标志的两个部族联盟形成的鱼凫王朝，图案中的鱼、鸟就是鱼凫王朝的徽号和标志。有的人则认为金杖上的鱼、鸟图案象征着上天入地的功能，是蜀王借以通神的法器。

关于这根金杖究竟是王的权杖还是大祭司的法杖，其实都不太重要，因为那个时候属于政教合一的局面，国主也许就是大祭司。

图案上边的那支箭也引起了我的极大兴趣。其实那不是一支箭，但任何人看到金杖花纹的第一反应，都会认为那是箭。

设想一下，假如金杖上画的是一个戴着王冠的人，以及用一支箭穿成的鱼和鸟，那么作为一个上古史门外汉来说，很有可能会联想出一些不怎么严肃的故事来。比如说，这个男人出去打猎，运气还不错，他一口气打了一条鱼，又打了一只鸟，穿成了串儿，打算烤了吃。

这样解释的话，就太肤浅了。

那么我们再深刻一点，可能就会解释为：这个男人用高端的武器打赢了以打鱼为主的部落和以打猎为主的部落。

可总觉得哪里不太对劲，金杖上画的这位首领，明明就是和蔼可亲，笑脸相迎，并不像是征战杀戮的人该有的面相。

再则，我觉得他们想传达的内容，应该还有旁的可能。

这个"可能"又会是什么可能呢？

部族名字的由来

在三星堆出土的文物当中,有许多陶制的酒器。

这说明在那个时代,粮食是很充裕的,可以有余粮来酿酒。

四川自古以来就是天府之国,川酒的历史也可以追溯到蜀王蚕丛时期。

那么,在了解了这个讯息之后,再来看三星堆金杖上面的纹路。那支箭,还像箭么?它分明就是一根稻谷或者麦穗。

古蜀之国：三星堆国宝背后的蜀地文明

>>> 陶三足炊器（摄影：秦磊）

金杖上的这几个纹路，在这个时候便有了新的解释：最高统治者带领着鱼部族和鸟部族和平共处，他们积极发展农耕事业，举国上下，其乐融融。

所以这根金杖所传达的讯息，应该是说渔猎与农耕是鱼凫王朝古蜀先民的主要生活技能。

15 部族名字的由来

>>> 陶三足炊器

>>> 陶盉

>>> 陶双耳杯

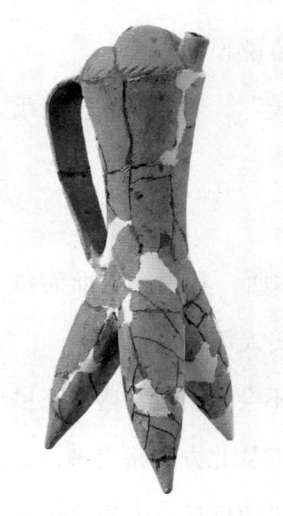

而其中的鱼部族，便是"鱼凫"二字当中的第一个字，这应该是一个临河而居的部族，主要谋生方式是打鱼。而那个鸟头，代表的应该是"鱼凫"二字里的"凫"字。这个"凫"又叫鱼鹰，它是一种非常擅长捕鱼的水鸟，现在在四川的某些地方，还有渔民饲养鱼鹰用于捕猎。另外还有一种说法是，东汉时著名的文字学家许慎，他又将"鹭"字作"凫"字，而"鹭"又是凤凰的别称。这个代表的，应该就是对图腾"鸟"的崇拜。

古人给部族取名字是有规律的，他们一般都是以信仰崇拜或者是最擅长的事情来为部族定名。

譬如说，炎帝名叫神农氏，因为他是农业之神，擅长耕种。黄帝叫作轩辕氏，一种说法，说他住在轩辕之丘；另一种说法是因为他发明了轩冕之服。而燧人氏，则是因为擅长取

105

火。燧字，说的就是古时候取火的器具。

所以以此类推，鱼凫族应该是非常擅于捕鱼的一个部族。

再来看一看，四川的古部族中，还有哪些比较贴近三星堆遗址出土的这根金杖上面所传达的内容？

在四川，有一个古族名，叫氐人族。这个氐人族主要生活在现在甘肃、陕西、四川三省的交会地带。对于他们居住的具体地方，史料上并没有记载。我曾去四川广元一趟，那里就有氐人族的传说。

氐人族还有一个大家都听过的族名别称，叫"羌"，所以又有"羌氐同源"的说法。

氐人族与羌人有何关系吗？

《山海经·海内南经》记载："氐人国在建木西，其为人人面而鱼身，无足。"试问，有多少人不约而同地联想到了美人鱼？

但是通过这一点，也可以联想到某种可能，会不会造就古蜀盛世三星堆的鱼凫族很有可能是某一支古羌人？会不会是他们从北方一路走来，一路上不断地与蜀地的部族进行融合，直到来到成都平原以后，发现这里地广人稀，物资丰富，是个非常适宜休养生息的地方，于是便与世代生活在广汉鸭子河边靠渔猎为生的当地土著结为联盟，形成了后来的鱼凫部族？

这当然只是一种假设。假如要翻译金杖上面传达的讯息，以这种假设为背景，应该是最容易令人接受的吧。

可我始终觉得，历史的真相，也许还有另一种可能。但这种可能到底是什么，还值得探索。

　　鱼凫族在古蜀大地上统治政权的时间很长，根据三星堆遗址出土的文物年限判断，在宝墩文化时期，三星堆就已经出现城址了。

　　但它真正的巅峰时刻，还是后来的青铜时代。

　　可那些精美又与众不同的青铜器为什么最终会被砸碎掩埋呢？3000多年前的三星堆，又到底发生了什么？

古蜀之国：三星堆国宝背后的蜀地文明

>>> 铜虎

>>> 铜六角形器

蜀王杜宇是个「外来务工人员」

古蜀国的第四代王是杜宇。

杜宇的名字颇为现代，不如蚕丛、柏灌、鱼凫、鳖灵这般充满古意。

这个名叫杜宇的男人，《蜀王本纪》当中记载他是"从天堕"。

单从字面来看，以我们现代人的思维模式，很容易理解成他是"穿越"来的。但实际上杜宇这个人的身份有多种说法。有一种说法，认为他是外族人。

在彝族文献《西南彝志》当中有记载部族首领与"天上通婚",还写到"天君传下令"每天交多少赋税,"后来有一天,天人作阿且,下来把租收",那么由此可见,所谓的"天人",应该是外族人的意思,"天君"则是外族首领的意思。

杜宇是个外来民族,所以在《蜀王本纪》当中,说他是从天而降。

那么他究竟是什么部族呢?有说杜宇是来自距离滇东北较近的凉山地区,应该是属于濮族。又有人说,杜宇是周王朝的武士,在鱼凫王相助周武王伐纣之后,蜀国被收为周王朝的附属国,而杜宇就是周王朝分封的诸侯。但是,当杜宇在蜀国立下根基之后,不甘心做周王朝的附属,就摆脱了周王朝的统治,自立为王,号称"望帝"。

这些说法,都是根据民间传说与方志记载得来的。

在《蜀王本纪》当中,杜宇是从云南朱提(音"书实")来到四川的。这个"朱提"在云南昭通一带。

他建立政权的手段看起来似乎比较平和。当他带领他的部族来到古蜀国时,遇到了来自岷山的蜀地女子。《蜀王本纪》里说,他与一位"从江源井中出"的女子结为夫妻,然后自立为蜀王,称望帝,建立了杜宇王朝。

所谓江源,就在现在的崇州与新津宝墩相邻的地段。

有没有可能,杜宇从云南来到四川以后,娶了生活在江源的柏灌族部落首领的女儿,从此得到了蜀族的支持,才得以建立自己的政权呢?

16 蜀王杜宇是个"外来务工人员"

杜宇成为蜀国之君后,非常清正廉明。

他教百姓农耕生产,养蚕纺丝,积极发展农业,让蜀国人民过上了富裕的生活,深受民众的拥护和爱戴,因此被后人称为"农业之神"。甚至在后来,老百姓还将杜宇追称为"杜鹃鸟"。杜鹃鸟也就是布谷鸟,是农林益鸟。

但实际上,古代四川发展农业生产的时间还要更早一些,可以往上追溯到黄帝、嫘祖与蚕丛时代。因为在4500年前新石器晚期的宝墩古城和三星堆遗址当中,都出土了不少的饮酒器具。粮食有了富余,才能用来酿酒,所以古代四川的农业一直都是非常发达的。

但为什么五代蜀帝当中,只有杜宇被称为"农业之神"呢?

据推测,应该是杜宇成为蜀国国君之后,将农业生产作为蜀国社会发展的重心。当时的蜀国,也许是因为受到战乱的影响,或者受商、周两个王朝的压迫已久,民心比较涣散,国家犹如一盘散沙。因此杜宇的治理,对于当时的蜀国来说,无疑是黑暗里的曙光。

其实杜宇一朝对于古蜀国的功绩,并非仅限于发展农业生产这一项。

他也心怀梦想,想要超越蚕丛、柏灌、鱼凫三朝的国君,成为蜀国历史上政绩显著的国君。所以,在发展农业生产的同时,他也南征北战,开拓疆域。

在杜宇时代,蜀国的疆域已是比较辽阔的了。北边以褒斜道为界限,是北大门,是国之前门。

古蜀之国：三星堆国宝背后的蜀地文明

褒斜道开辟于史前时代，说不定我们所知道的轩辕黄帝，就是从这条路来到四川，迎娶四川姑娘嫘祖的呢。褒斜道是古代穿越秦岭的山间大道，南边从陕西省汉中市大钟寺附近起，北边到了陕西眉县斜峪关口。

至于古蜀国的后门，则在熊耳山和灵关。熊耳山在现在的四川青神县，灵关在现在的四川芦山县。西北门是汶山，南门在南中，也就是现在的云南、贵州西北部地区。而当时国家的统治中心在今天的川西平原。

所以，在杜宇时代，古蜀国的地域范围是包括现在云南省、陕西省、贵州省的部分地区的。我有一些朋友，他们跑去贵州和云南两地出差，然后发现了一些和古蜀王有关的遗址，就拍照给我。他们当时以为那是战争造成了蜀王的后人迁徙到了那里，我告诉他们，其实我们古蜀国的领土疆域，要比现在的四川省还要大一些。

因为历史在不断演变，四川的行政区域也会根据历史的发展而进行划分，那么我们在认识古蜀国的时候，就一定要放弃现有的四川疆域格局，去认识古代巴蜀的疆域格局。除了刚才所说的那些地区以外，古代巴蜀的辖制范围，也包括了现在的重庆地区。

自杜宇在四川称帝之后，大约又过了300多年，蜀国发生了一次很大的水灾。杜宇王虽然竭尽全力地大力整治，但却没有产生多大的效果。

就在蜀王束手无策的时候，他遇到了一个名叫"鳖灵"的"蓉漂"男子。这个男子，将为古蜀国的历史画下浓墨重彩的一笔。

死而复生的"蓉漂"鼻祖

在杜宇王朝统治时期,蜀国遇到了很可怕的大洪水,这次洪涝灾害十分严重,令国王无计可施。

四川是一个盆地,四周的山造就了一个几乎全封闭的地理环境。在古代四川,三峡一带还是处于淤塞状态,而四川境内,又有多条河流,比如岷江、沱江等大江大河。

岷江发源于岷山深处,在都江堰进入成都平原,分内江和外江。内江分为蒲阳河、走马河、柏条河、江

古蜀之国：三星堆国宝背后的蜀地文明

安河。外江则分为金马河、羊马河、沙黑总河。除此之外，还有文锦河、斜江、南江、蒲江河等，都是属于金马河的正流，到新津之后，再流出成都境内。

而沱江水系，则是由绵远河、石亭江、湔江汇流而成，并且还要接纳龙门山山前地带发育的马尾河、射水河。这三条大河进入成都平原以后，呈扇状分流，从金堂峡流出去。

当时的成都平原没有办法找到排泄出口，所以总是造成特别巨大的洪涝灾害。古蜀人几千年来，一直东躲西藏逃避洪水的侵袭，这也是历代蜀王最为头疼的事情。他们也积极致力于治理洪水，比如说筑堤开堰。

在成都市郫都区，有一个名叫"三道堰"的地方。据说是古蜀时候的蜀国之主望帝杜宇与丛帝开明在柏条河治水期间，用竹篓截水做成三道相距很近的堰头导水灌田，三道堰由此得名。2018年，我到三道堰游玩，那里风景宜人，江河清澈，古镇当中有亭台楼阁，青石小巷，十分具有川西古镇的独特魅力，是一个休闲度假的好地方。我当时站在一条大江的岸边，看着滚滚而去的江水，脑海里出现了许多画面，那种感慨难以用言语形容，令人难以忘怀。不过，也有专家说三道堰形成的时间应该更晚一些，杜宇、开明治水的地方可能是在乐山。还有一种说法是，根据《史记》《汉书》记载，乐山的乌尤山原本与凌云山相连，李冰治理沫水（现在的大渡河）时开凿江道，引导部分江水绕乌尤山而下，使乌尤山成水中孤岛，因此被称为"离堆"。

筑堤开堰总是失败，一直没有找到行之有效的办法。而蜀王通常采用的办法，是带领子民上山避水。这个案例，在古蜀文明的宝墩文化时期是真实存在的。当时的宝墩古城就是因为遭遇了难以治理的大洪水，古蜀先民不得不离开赖以生存的家园，到地势更高处去生活。

这样只能避难，而治理水患还需解决。

洪涝灾害是古蜀人的头号天灾。那时候，荆楚之地有一个名叫鳖灵的人意外去世，可能是失足落水，因为他的尸体漂浮在水中，而且竟然逆流而上。据说等他的尸体漂到蜀地之后，竟然死而复生了！这件事情被当作神话般在民众中传开了，后来传到了蜀王杜宇那里，杜宇立即召见他，两人竟一见如故。鳖灵自称是楚国人，能够帮助杜宇治理水患，于是，杜宇便封了鳖灵为丞相，专门治理洪水。

这一段，其实是源自于《蜀王本纪》的记载。《蜀王本纪》中有文："望帝积百余岁，荆有一人，名鳖灵，其尸亡去，荆人求之不得。鳖灵尸随江水上至郫，遂活，与望帝相见。望帝以鳖灵为相。"

虽然有这段记述，但人是不可能死而复生的，尸体也不可能逆流而上。而根据《山海经》所记载的"夏耕之尸""刑天之尸"来看，"尸"字可能有"逃亡"的意思。

由此再来分析这段记载，就可以看到另一种说法。

这个来自荆楚地区名叫鳖灵的男人，可能是因为在部族斗争中战败了，作为战败者，想要寻一个避难之所，这个地方就是蜀。于是，鳖灵带领部族从长江中游往上游迁徙，逆流而上。在这个迁徙的过程中，鳖灵顺便治理了一些洪水灾害，在民间留下了较高的声望。因此，当他到达古蜀

古蜀之国：三星堆国宝背后的蜀地文明

国境内的时候，就有人将这个传奇人物的故事，传到了当时的统治者杜宇王的耳朵里。

杜宇族的这位国王正苦于没有治水的良方，求贤若渴，于是接见了楚人鳖灵。看他的名字就知道，他很擅长治水。鳖灵由于有着良好的治水经验，在交流的过程当中，获得了杜宇王的信任。

鳖灵也是不负众望，潜心一志，治理水患。他通过实地勘查，也总结了大禹王的治水经验，决定把巫山的峡道开凿清理，让川内的河流得以从峡谷里流出去，不至于再像过去那样横冲直撞。在他的带领之下，古蜀国千千万万个武士，将热血与青春留在了巫山峡道里，最终凿通了巫峡，让川内之水汇入滚滚长江。

接着，鳖灵又率领将士，打通了玉垒山，凿开了宝瓶口，将水道疏通，分岷江为沱水，终于平息了水患。

关于鳖灵治水的功绩，在许多书籍当中都有记载。

《水经注·江水》当中有云："江水又东别为沱，开明之所凿也。"《蜀王本纪》当中记载："鳖灵决玉山，民得安处。"

这里所说的玉山，也就是之前所谈到的玉垒山（在今天都江堰市的西部）。也因此，学术界普遍认为最早开凿都江堰宝瓶口与离堆的人，是开明氏，他比李冰父子要早几百年。

鳖灵的政绩，当然不仅是治水。他在管理国家方面也很有手段，是个不可多得的人才。所以"蓉漂"的鼻祖，可以说是3000年前的蜀国丞相鳖灵。

江湖还有他们的传说

楚人鳖灵成功治理了蜀国的水患之后，得到了很高的民望，杜宇只好将王位禅让给了他。鳖灵成功晋级，蜀国的统治阶级从此换成来自荆楚之地的开明族，于是鳖灵又称为"开明王"。

关于他们这一段政权交替，是否真是和平禅让？这种可能性比较小。因为当时的杜宇族在四川境内执政，已经传了十二世。

一个楚国人，能够在蜀国出任丞相，可见当时的

古蜀之国：三星堆国宝背后的蜀地文明

古蜀国是包容性极强的一个国家，蜀国国君也是一个英明的领导，任人唯贤。

楚人鳖灵又被称为开明王，那么足以证明，他不是一个人来到蜀国的，而是一个部族。作为部族的首领，他带领他的部族在蜀国建立了不朽的功勋，也收获了极大的名望。而杜宇族在经历十二代王的统治之后，难免会存在一些政权腐朽的情况，这应该也是杜宇族失去蜀人民心的一个原因。

所以，最后国家政权才会落入开明族的手里。

楚人鳖灵即位以后，建立开明王朝。由于民间传说是禅让，鳖灵又曾经是杜宇的丞相，因此鳖灵称帝以后又被称为"丛帝"。

而杜宇族，则是退隐西山。

西山在哪里呢？根据某些学者的考证，据说西山就是现在安宁河、小相岭一带。安宁河是凉山的母亲河，是雅砻江下游左岸的最大支流，这个区域正好是在乐山往西的方向。

还有学者提出，现在凉山的部分彝族就是古蜀国杜宇部族的后裔。当政权交替，杜宇失国之后，杜宇族被迫回到岷山故里，退避西山，逃离国家的政治中心。

可是退隐之后，自然是不甘心的。

民间传说杜宇因为思念故国与子民，抱屈冤死，魂魄就化作了杜鹃鸟，也就是布谷鸟。每年三月杜鹃鸟飞回蜀地，那"布谷、布谷"的叫声

18 江湖还有他们的传说

>>> 铜鸟（金沙遗址出土）

就是提醒催促蜀国子民该耕种庄稼了。

假如是和平禅让，又何来"抱屈冤死，魂魄化鹃"的说法呢？逻辑上是讲不通的。

关于杜宇王和鳖灵，还有一个坊间传言。

说的是杜宇王在丞相鳖灵治理水患期间，竟然看上了鳖灵的妻子，并与其有染。这件事传到了鳖灵的耳朵里，鳖灵因此率领部族逼宫。杜宇因为失德于民，不得不禅位。

按照历史的规律来看，开明王在接管了杜宇族的政权之后，还需要有足以令子民信服的理由，让蜀国子民赞同他，拥护他。所以杜宇王有没有与鳖灵的妻子私通，这个事情就显得非常重要了。

杜宇为什么会备感冤屈，化作了杜鹃鸟，声声哀啼，这应该也是后人感慨于杜宇王的失国之痛，创作出来的故事。

也正因此，才有了后来李商隐的"望帝春心托杜鹃"，顾况的"年年啼血动人悲"，李白的"蜀国曾闻子规鸟，宣城还见杜鹃花。一叫一回肠一断，三春三月忆三巴"。

在现今成都市郫都区，有一座柏木森森的望丛祠。

其实在更早以前，望帝和丛帝的祠堂是分开的，丛帝的墓是在古蜀国的王都，现在的成都市郫都区。而望帝死后，蜀国子民是在都江堰市，也就是都江堰二王庙，建了一座"崇德祠"，纪念望帝杜宇。

说到这里，就有一个疑惑。既然祭祀望帝杜宇的祠堂名叫"崇德祠"，那么是否代表其实杜宇并未失德于民，所以他是蒙冤而死的？

到了公元前5世纪左右，南齐时代，蜀地刺史刘季连将望帝的祠堂迁至郫都区，与丛帝庙合并。后来望丛祠多次毁于战火，直到1984年，郫县人民政府对望丛祠重新进行修建，才有了现在的望丛祠。

18 江湖还有他们的传说

>>> 青铜人首鸟身像

古蜀之国：三星堆国宝背后的蜀地文明

在望丛祠设置有两座古墓，一座是望帝杜宇，一座是丛帝开明。两位古蜀国国君由于曾经是君臣关系，所以墓穴的大小与高低都是不同的。杜宇王的墓穴要大一些，也要高一些。开明王的墓穴就要小一些，低一些。

这说明在蜀人心中，对于两位帝王的重视程度还是有些区别的。

这两座说是墓穴，其实并非是他们真正的埋葬之处。两座墓穴像两座人工堆砌的丘陵一般，上面种满了柏树，生态环境很不错，身处其间，只觉得灵气逼人，许多叫不上名字的鹳鸟飞来此处。我曾多次前往祭拜，总是流连忘返。

每年清明节前后，在成都市郫都区望丛祠都会举行赛歌会。这个赛歌会的起源由来已久，参赛者都是普通平民，非常淳朴热烈，很有意思。而且在赛歌会上，会有人专门往姑娘、媳妇们的身上丢李子，据说谁挨得李子多，谁将来就生育得多，这是当地人民的一种美好期许吧！

开疆辟土，蜀帝开明

开明王朝的第二位国君是开明卢帝。在历史上，他又被称为蜀成帝。我写过一本书，叫《蜀帝传奇》，里面的男主角万通，就是以蜀成帝为原型来进行创作的，写了一段他还在做王子时候的故事。当然也通过一些其他的写作手法，回溯了一下蚕丛、柏灌、鱼凫之间的传说。

但是，与蚕丛、柏灌、鱼凫、杜宇四朝不同的是，开明王朝的时间、年代、政治事件，以及各位执政者的名字，在历史资料里基本上都能查阅得到了。

整个王朝的时间大约是公元前666年到公元前316年，共存在了350年，有12位国主，这些国主除了有帝号之外，政绩显著的还有名字。比如说开明王朝的开国之君叫鳖灵，鳖灵的儿子叫丛帝，丛帝的儿子又叫芦保。

古蜀国到了这个时间年代，对应的已经是春秋战国时期了。

由于开明氏来自荆楚地区，所以将长江中游的文明带到了长江上游，蜀文化再一次产生了大融合。

而且，这一时期的开明氏蜀国与川东地区的巴国是共存关系，在政治、文化、军事方面，二者都有着非常密切的关系。同时与中原地区的诸侯国，与近邻秦国、楚国，也有着十分密切的关系。

这一时期的巴蜀文化被学术界称为"晚期巴蜀文化"。

在巴蜀时期晚期，挖掘出了太多的墓葬群，间接证明了当时先民的生活情况。在20世纪80年代末期，相关专家学者就做过统计，晚期巴蜀文化墓葬，已经发表的材料就已涉及40多个墓地，大约150座墓葬。另外还有已发掘的十余个墓地、数十座墓葬资料尚未发表。它们分布在北至陕西汉中，东至湖北荆门，西至芦山，南至犍为、越西等区域，而中心区域，是在四川盆地。

在鳖灵建立开明王朝之后，由于治水成功，人民安居乐业，经济得到了平稳发展，社会凝聚力极强，国家欣欣向荣。这个时候国力强盛的开明

19 开疆辟土，蜀帝开明

文献中关于古蜀国的记载
RECORDS OF THE STATE IN ANCIENT SHU LITERATURES

蜀王之先名蚕丛，后代名曰柏濩，后者名鱼凫。此三代各数百岁，皆神化不死。其民亦颇随王化去。鱼凫田于湔山，得仙，今庙祀之于湔。
——《蜀王本纪》

周失纲纪，蜀先称王。有蜀侯蚕丛，其目纵，始称王。死，作石棺石椁，国人从之，故俗以石棺椁为纵目人冢也。次王曰柏灌。次王曰鱼凫。鱼凫王田于湔山，忽得仙道。蜀人思之，为立祠。后有王曰杜宇，教民务农……会有水灾，其相开明决玉垒山以除水害。帝遂委以政事。法尧、舜禅授之义，遂禅位于开明。帝升西山隐焉。
——《华阳国志·蜀志》

蚕丛始居岷山石室中。
——章樵注《蜀都赋》引《蜀王本纪》。

>>> 古代文献记载中的古蜀国的历史

王朝，开始了扩大疆土领域的战斗。

从开明一世，也就是丛帝鳖灵在位的晚期开始，蜀国向外扩张。丛帝鳖灵退位之后，他的儿子万通即位，号称"卢帝"，在历史上，又被称为"蜀成帝"。这位国君的主要功绩之一，便在于扩大疆域。

125

前文我们说到了，在杜宇时期，是以褒斜为前门，边界曾经达到了秦岭山脉的褒谷和斜谷。但是到了开明王朝卢帝时候，蜀国的疆域发生了很大的改变。在《华阳国志》当中有记载："丛帝生卢帝。卢帝攻秦，至雍。"雍城在现在陕西省的宝鸡市凤翔区南，曾经是秦国的国都，有19位秦国国君在这里执政。

蜀成帝万通竟然带兵打到人家秦国的王都去了，两国的梁子自然也就结下了。

当时是春秋晚期战国早期，秦国的实力相对较弱，所以蜀王万通一度打到了关中渭水两岸去。而且，介于秦国与蜀国之间的汉中、武都盆地，也都是蜀国的领地，可见当时蜀国的国力有多强盛。

在陕西汉中盆地挖掘的许多战国墓地当中，出土了不少带有巴蜀符号的文物，这些都是蜀国曾经占领汉中盆地的证据。

到了开明三世保子帝时期，也就是鳖灵的孙子，万通的儿子，开明王朝的第三位国君，他的名字叫作芦保。他的主要政绩，是将古蜀国的疆域往西南地区扩张。

西南地区一般都是少数民族居住的地方。保子帝的军队一路往西南进发，将雅安市的青衣江流域，川西南的宜宾、西昌，凉山彝族自治州的越西、会理；贵州的威宁、赫章；云南的昭通等地，统统收服。

春秋晚期战国早期的古蜀国，是当时势力非常强大的一个国家。在开明氏鳖灵、万通、芦保三位国主的英明领导下，古蜀国的疆域达到了陕西、川西南和云贵高原北部地区，非常了不起。

并且，它是拥有独立政权的一个国家，并非是属于周王朝的诸侯国。

但是，到了开明王朝的第五位统治者（还有一种说法是第九位统治者）的时候，蜀国的情况似乎有些变化。

在《华阳国志·蜀志》当中有记载："开明帝，始立宗庙。以酒曰醴，乐曰荆。人尚赤，帝称王。"这次改革的动静很大，不仅有立庙宇、兴礼制、定乐制、明方位等大事，还将帝号改为了王号。

当时的诸侯国发展也比较快，开明氏在了解了诸侯国的情况之后，发现蜀国的实力实在是当不起"帝"这个称号，倘若是强称帝号，不仅与礼制不符，还很有可能招来横祸。为了趋吉避凶，于是就进行了一次大的改革。

从这件事情上来看，当时的蜀国国力已经大不如前。或者说，蜀国的邻居们已经强大起来了。

开明氏也因此而迁都，来到了成都市南大街一带。还有一种可能是在现在的成都市西南部，也就是古代的郫江和检江地区。

关于迁都的原因，很有戏剧色彩。据说是因为开明王做了一个梦，醒来之后就决定迁都。

这一次，他将国都迁到了成都。这是成都第一次以国都的形式存在，同时也奠定了它在四川乃至西南地区2000多年的政治、经济、文化中心地位。

迁都的是开明五世还是九世，目前这个存在争论。但开明五世是迁都国王的说法比较站得住脚，因为这个时候的开明王朝，国家稳定，礼制健全，是符合迁都条件的。如果是开明九世迁都的话，就不太现实，因为那个时候的开明王朝已经是风雨飘摇的状态了，是不可能大动干戈地进行迁徙的。

　　随着岁月的流淌，开明王朝也逐渐走向了历史舞台的边缘。

日暮里的古蜀国

古蜀国的开明王朝总共有十二代王。

其中有一位王宣布改帝号为王号,并且进行了一系列的改革,包括迁都。这位王在学术界颇有争议,有的说是第五代王,有的说是第九代王。

从史料来看,古蜀国开明王朝的统治者分别是开明丛帝鳖灵、开明成帝万通、开明保子帝芦保、开明青帝胡、开明赤帝(又称别帝)佚。赤帝就是开明五世。假如是第五代王进行的大改革,那么第六代开明王朝的统治者，是否就应该称为王呢？

然而并没有。

到了第六代，开明王朝的统治者是黄帝，第七代是开明白帝，第八代是开明黑帝，第九代是开明圣帝。他们的帝号是依据青木、赤火、黄土、白金、黑水，对应的是五行，同时也是致敬五方天帝。这五方天帝是属于中国上古神话中的人物，分别是青帝太昊、炎帝神农（也就是赤帝）、黄帝轩辕、白帝少昊、黑帝颛顼。

可见开明王朝对于国君的期待还是很大的。

但是到了第九代统治者开明圣帝之后，第十代统治者已经不称帝，改称王了。古蜀国开明王朝的第十位统治者是开明尚王，第十一位是开明后王，第十二位是开明末王，又称他为"芦子霸王"。

从这里可以判断出，开明王朝国力衰弱，不如周边其他诸侯国的情况，在开明九世的时候就出现了。

在成都市新都区挖掘出一个古墓，被考古学家判断是开明王朝的某一位统治者的墓地，可能是开明九世到十一世当中的某一位。在墓地当中出土的列鼎，是五件一套。列鼎是表明墓主人身份的一种象征，蜀王的墓地里使用的是五鼎，而不是九鼎，这证明蜀王已经认识到自己的实力只是一个诸侯国王，而非九鼎至尊。

这对于古蜀国的历史来说，是非常具有政治意义的。这座大墓的时间年代，大约是在公元前400年到公元前350年。

20 日暮里的古蜀国

而历史上，秦灭巴蜀的时间是公元前316年。古蜀国的太阳，已经缓缓西沉。

在古蜀国开明王朝的历史上，曾与秦国、楚国频繁地发生战争，多达十余次。即便是在公元前316年秦国吞并巴蜀之后，仍然有数次平定蜀侯叛乱的战争发生。

所以，整个开明王朝，基本上可以被称之为"战争贩子"。不是他挑事儿，就是别人挑事儿他不服。

由于能打，也敢打，到了战国中晚期，巴蜀文化的分布范围已经扩大到四川盆地全境及汉中、安康、鄂西等地，对云、贵、湘、鄂等地产生了一定的影响。此时的古蜀国，拥有着强大的军事力量。但是，陕西汉中、安康等地区出土的文物当中，既有巴蜀文化的存在，又有秦、楚文化的存在，这足以证明，当时这些地方是秦、楚、蜀三个国家的必争之地，他们在这里进行过拉锯战。

由于疆土扩大，国富民强，开明王朝的国王开始沉沦。

在《华阳国志》当中记载，开明王朝最后一代国王的腐败，是古蜀国灭亡的主要原因。但实际上，可能并非只是这个原因，这个有一定的戏说成分存在。可能最大的原因是，长期内忧外患，最后国灭。

这件事，追根溯源，怕是要从开明王朝第十位国君杜尚的一个决策说起。

当时蜀国有两个小小的邻居——平周城与吐费城，这两个城国经常侵扰蜀国。关于这一点，我在《蜀帝传奇》里写过一场由平周城主发起的愚蠢的战役，当然最后的结局是平周城和吐费城被蜀国打得落花流水。

到开明十世，蜀王就派大军将这两座城给灭了。这个时间年代对应的是公元前368年。剿灭平周城和吐费城之后，蜀王将自己的弟弟杜葭萌封为汉中侯，将平周城、吐费城等地尽归汉中侯所管辖，并且协助汉中侯成立了苴国，所以他又被称为苴侯。

可想而知，蜀王杜尚与苴侯杜葭萌是情真意切的亲兄弟呢，关系非同一般，不然蜀王也不会做出这样的决定来。当然，可能还有一个原因，当时蜀国和巴国、秦国的关系都不大好，蜀王设立苴国这个藩国的意义，应该是为了给自己建一道保护屏障。

可是，虽然苴国是蜀国的藩国，但实际上也是蜀国自己给自己埋下的一颗定时炸弹。

这颗定时炸弹，总有一天会爆发出可怕的力量，摧毁一切。

两千余年的独立政权，就此结束

苴国在蜀国的帮扶下，积极发展生产，国力发展很快，领土也有所扩张。

随着时间的推移，苴国逐渐吞并了现在四川绵阳的梓潼县，广元的剑阁县、青川县、利州区、昭化区、朝天区、旺苍县、苍溪县，甘肃陇南的康县，陕西汉中的宁强县、略阳县、南郑区，成为在西南地区可以与蜀国开明王朝、巴国相提并论的强国。

开明尚王最初安排苴侯的目的，应该是想防止外敌来犯，给自己设立一个保护屏障，没想到养虎为患，苴侯后来出于种种原因，竟然开始拉拢巴国联合抗蜀。

到了公元前316年，巴国来犯，蜀国赢得了战争的胜利，于是蜀王决定讨伐苴侯。这个时候的蜀国国君，名叫杜芦，历史上称"芦子霸王"，这位就是开明王朝最后一代国君了。

芦子霸王对苴侯早就忍无可忍，命令"五丁力士"限期内开凿蜀国至苴国的石牛道，以便于快速出兵攻打苴国。

这个石牛道，又被称为"金牛道"。有另一个版本的传说，说当时的蜀王，也就是前面提到的芦子霸王，昏庸腐败、贪财好色。当时秦国为了攻打蜀国，就利用蜀王的弱点，派使者来游说蜀王，承诺会送可以拉出金子的石牛给蜀王，另外还会送一些美女来。蜀王听说这个消息，大喜过望，迅速安排五丁开山修路，迎接石牛与美女。民间还有"思妻台""望妃堠""五丁冢"等高台的传说。

我对这个说法是表示怀疑的。整个开明王朝时期，国家都在拓展疆域，直白点说就是到处惹是生非，国与国之间的对立是少不了的，打了和，和了再打也是家常便饭，所以说互相之间也是仇视多于信任。当时的蜀王作为一国之君，必然也是枕戈待旦，夜不得安眠。而蜀国与秦国历来是不对付的，对于秦王的主动示好，正常人都会觉得有诈，一国之主的蜀王——开明十二世起码应该有最基本的判断力吧，会那么轻易就上当，然后为敌人开路吗？朝中的大臣呢？所以，也许修这条金牛道的真正的原因

21 两千余年的独立政权，就此结束

是在于苴侯叛乱，蜀王想要平叛。

2019年我专门走了一遍金牛道，也到古蜀时代属于苴国辖地的苍溪、旺苍等地实地考察，从那里的地貌环境以及它与古蜀国的政治中心的距离上看，在当时的条件下，完全属于是天高皇帝远。这样的情况，苴侯会生出二心也就不是什么奇怪的事了。

所以，苴侯在得知蜀王要攻打他的第一时间，就翻山越岭地跑去跟秦王求助了。这个时候，蜀王杜芦也派了使臣前往秦国，要与秦国结盟，同时希望秦国不要干涉蜀国打苴侯一事。

但是，蜀王不知道的是，此时的秦国早已经是狼子野心。秦国自从实行了"商鞅变法"之后，国力愈加强盛，想要吞并周边各国的野心藏都藏不住。但当时秦王最想吞并的其实是楚国，秦国一直对楚国虎视眈眈，却苦于没有好办法攻打楚国。正在这时，苴国与巴国前来求助。秦惠文王的大臣司马错、田真黄认为这是一个拿下蜀国的好时机。他们认为，蜀国此时正值内乱，蜀国人自顾不暇，正是最脆弱的时候，秦国此时正可以乘虚而入。假如顺利攻下了蜀国，蜀国富饶的国库正好可以补充秦国的军用。在交通方面，蜀国的水路又恰好可以通往楚国，这绝对是未来进攻楚国的绝妙途径。这两位大臣把军事、经济、地理、交通等方面的利益进行了充分的论述，证明了拿下蜀国的重要性，将秦惠文王说得动了心，于是秦国大举进攻蜀国。

根据史书记载，在周慎王五年，也就是公元前316年的秋天，秦国大

夫张仪、司马错、都尉墨等人带领秦军，从金牛道进入蜀国。

蜀王御驾亲征，在苴国葭萌一带迎战。

最终的结果当然是蜀国一败涂地。蜀王于是仓皇回逃，逃到武阳也就是现在的彭山一带，还是被秦军追上杀了。蜀王的丞相、太傅、太子等重要人物，也是一路逃亡，逃到彭山白鹿山一带，也被秦军围住，最终被杀。

公元前316年冬天，大概是农历十月左右，蜀国灭亡。至此，古蜀国历经了蚕丛王、柏灌王、鱼凫王、杜宇王、鳖灵王五位开国之君建立的，延续了两千余年的独立王朝时代彻底结束。

秦国在开明氏的余部当中挑选了新的首领，设立蜀郡，封首领为蜀侯。但是蜀侯也是个有血性的人，接二连三地揭竿而起进行反抗，但最终还是打不过强大的秦国，死得很惨。秦国于是不再继续任用蜀人为郡守，而是从秦国派人前来上任。

那么当初挑起事端，造成蜀国灭亡的苴国与巴国后来怎么样了呢？他们的下场如何了？

张仪和司马错灭掉蜀国之后，马上就转身将苴国与巴国一并灭掉了。蜀国的内乱与巴蜀之间的不和睦，给秦国制造了极好的征伐机会。

只是可惜了两千余年的古蜀国独立政权，就这样败在一帮不肖子孙手里。

据说蜀国灭亡之后，蜀王的一个儿子侥幸活着，带领余部往南逃去。他逃到了广西、云南，随后南下到越南，自立为安阳王。

蜀王是黄帝的后代吗？

现在，我们回溯到过去，到古蜀国建立之前的那个时代去看一看。

我们可以从"人皇"开始谈起。

对于蜀国之起源，最早的说法，认为是从"人皇"就开始了。在常璩的《华阳国志》当中有这么一句："蜀之为国，肇于人皇，与巴同囿。"

在陈显丹、肖先进、刘家胜所著的《三星堆奥秘》一书当中，有对蜀国起源比较通俗易懂的介绍。

在很久很久以前，传说盘古开天辟地后，在中国的大地上出现了三位分别管理天地人事的天皇、地皇和人皇。当时天下被分为青州、雍州、冀州、梁州、兖州、徐州、扬州、荆州、豫州九大部州。

这便是九州的由来。而四川区域在当时被称为"梁州"。

话说三皇中的人皇氏有九兄弟，他们分别执掌天下九州。在人皇的后裔当中有个名叫黄帝的，他智勇双全，打败了不可一世的蚩尤，后来在今四川茂县的叠溪娶了蚕陵氏之女嫘祖为妻。

嫘祖，相信很多人都听过这个名字，她是黄帝的正妃。很多人不知道的是，她是四川人。嫘祖的小名叫女邛，又叫皇娥。她在15岁那年就发明了一种养蚕织锦的方法，她是"中国第一个女发明家"（有待考据）。

《三星堆奥秘》这本书里还有记载，黄帝和嫘祖婚后生了两个儿子，一个取名叫青阳，另一个取名叫昌意。这两个儿子后来都被派往人间。

青阳就住在现在四川西北地区的湔江一带，与当地的女子婚配，在今天茂县的石纽乡刳儿坪生下了大禹。那么按照这种说法的话，青阳莫非就是鲧？可是鲧在上古传说当中又是颛顼的儿子。而颛顼，是黄帝的孙子……

民间传说由于是口口相传，必然会有一些出入。我们可以在阅读的过程中，根据自己的另一些知识来进行综合判断，获取正确性更高的答案。

这个版本值得可取的一点是说黄帝的另一个儿子——昌意。

昌意居住在现在四川西部雅砻江一带，与当时居住在茂县与汶川之间

22 蜀王是黄帝的后代吗?

的蜀山氏之女婚配,婚后生了个儿子,取名颛顼。颛顼后来成了上古部落联盟首领,被称为上古五帝之一。在中原流传下来的神话传说当中,他是主管北方的天帝。《史记·五帝本纪》当中评价他:"静渊以有谋,疏通而知事。"

我看到一个资料记载,三星堆博物馆青铜馆进门的那个位置,有一个超大的青铜人首鸟身像的复制品,据说它代表的就是古蜀祖先神"大鸟王"颛顼。

这里有一个关键词——祖先神,也就是"祖神"。

简而言之,古蜀国的祖神,极有可能就是上古五帝之一的颛顼。关于颛顼的功绩,这里没有办法一一评说,其中有一点特别重要的、和我们古蜀文明密切相关的,是颛顼大帝即位之后进行过一次重大的宗教改革。

颛顼是黄帝之孙,颛顼的后代子孙里,有一部分

>>> 青铜人首鸟身像复制品

139

留在了四川，他们世代为王。而蚕丛、柏灌、鱼凫三代蜀王，都是颛顼的后人。

所以，换个角度来说，蜀王极有可能是轩辕黄帝的后代。

我在大禹王父亲崇伯鲧的词条介绍上看到过这么一个关系谱，说，颛顼生六子，鲧曾、古蜀王、称、魍魉、穷蝉、梼杌。

其中有说，颛顼的六个儿子当中，其中一个是鲧的曾祖父，另一个是古蜀王。

那么也就是说，鲧应该管古蜀王叫堂曾祖父？大禹应该管古蜀王叫堂曾曾祖父？

如此，便很形象地将华夏族与古蜀族的关系整理出来了。他们可能就是一个亲戚关系。

但是又有一些江湖上的说法，说古蜀人有一部分是炎帝的后裔，还有一部分是蚩尤的后裔。甚至还有人说，新津宝墩古城是蚩尤的部落，或者是炎帝的部落。而三星堆遗址呢，就是夏王朝的王都。以前的成都，就是世界的中心。

很多很多大胆的说法，可能会令专业学者为之一笑。

带着这些疑问，我也查阅了一些资料，倒是寻到一些蛛丝马迹。

黄帝、炎帝与蚩尤，有着怎样的渊源？

几年前我看到过一篇文章，提到说四川成都新津宝墩遗址很有可能就是蚩尤的部落，是虞朝的都城，还有一种说法说三星堆遗址是炎帝的都城。

当时我颇为惊讶，然后跑去求证考古学家。但是，对于这种问题进行专业学术研究的考古老师是不会给任何答案的。在夏朝之前的时代，于学术界而言，是属于神话传说时代。但他们对于作家这个群体，还是比较宽容的，只要是在不太过分的范围内，是允许自由发挥想象的。

关于中国上古神话时代，我也查阅了很多相关资料。

首先，所谓"炎黄子孙"，指的就是中华民族是上古炎帝与黄帝的子孙后代。轩辕黄帝与古蜀国的关系，在之前的内容中已经提到了，那轩辕黄帝跟炎帝有没有关系呢？炎帝与黄帝之前原本是对立部族，但后来因为有了更为强大的敌人出现，他们于是组团攻击，这才战胜了对方。这个非常强大的敌人，就是被称为"战神"的蚩尤。

炎帝的时代是属于新石器时代，传说中的"神农尝百草"说的就是炎帝，他发明了用草药治病。在新石器时代，人类部族对于神灵是非常崇拜的，部族里如果有人生病，通常是请巫师来作法进行治疗。

而蚩尤，是传说中九黎部落联盟的首领。什么是九黎部落呢？简而言之，就是九个部落。包括蚩尤在内，这九个部落的首领是亲兄弟。蚩尤因为有勇有谋，骁勇善战，被推举为联盟首领，也就是带头大哥。

关于他究竟是中国哪一带的古部族领袖，通俗的说法是在山东大汶口、龙山文化为核心的东部地区。九黎部落以牛和鸟为图腾。蚩尤原本和炎帝是一个部族，据说他曾是炎帝的手下，后来两人产生了巨大的矛盾，双方于是开战，蚩尤打败了炎帝。

因此，炎帝才会转身与黄帝联合起来，结成联盟，他们与蚩尤在涿鹿展开了激烈的战争，但最终却是蚩尤惨被杀害，败得一塌糊涂。

这便是黄帝、炎帝、蚩尤三者之间的关系。

23 黄帝、炎帝与蚩尤，有着怎样的渊源？

>>> 铜鸟

古蜀之国：三星堆国宝背后的蜀地文明

>>> 铜牛首（金沙遗址出土）

他们也是同一时代的人。至于他们的活动区域范围，我在宫本一夫先生所著的《从神话到历史——神话时代：夏王朝》一书当中，看到了比较通俗易懂的介绍："五帝活跃于黄河中游地区至渭河流域，与之相对，蚩尤、共工等在其周边，三苗的位置则在长江中游地区，这应该说是传说时

23 黄帝、炎帝与蚩尤，有着怎样的渊源？

代的世界观。或者说，这种由各区域构成的世界观至少在商周时代以前就已存在，而且在商周时期，人们就已意识到这些区域分别有着各自不同的祖先。"

这些区域，没有一个是与古蜀国有关的。古蜀国属于长江上游。

成王败寇，蚩尤战败之后他的余部又何去何从？

炎帝与黄帝说来是联盟，实际上是黄帝打败了炎帝，炎帝归顺于黄帝的部落。无论神话与历史说得多么美好，战争都是残酷的，很少有不见血的政权交接。

所以，当炎帝归顺于黄帝部落时，他手底下的人会不会全部心悦诚服？会不会有一些部族成员因为对战争的恐惧、对新首领的恐惧而悄悄逃离？

他们会逃往哪里去呢？

我看到有一些说法，说古蜀先民里，有一部分是炎帝的残余部队，有一部分是蚩尤的残余部队。

可是他们为什么会往四川逃？我们来看看古蜀国的地貌特征便可知。

古蜀国四面环山，地势像个盆子，进攻非常不易。

所以，如果是因为害怕战争而逃到古蜀国来寻求庇护，也不是不可能。在这里休养生息，条件虽然艰苦了一点，但至少不会惨死在战乱当中。

而且那个时候的古蜀国地广人稀，又是部落群居状态，没有产生国家政权，土地还很肥沃，能丰衣足食，是不错的避难之所。

所以，很多当时战败部落的人，就逃进蜀地的大山深处去了。

还有一种说法是黄帝将战败的部族划分去了高山峻岭。

但不管真实情况是哪种，至少有一点不会错。那就是，古蜀先民的其中一个分支，很有可能是炎帝与蚩尤的余部。

依据是什么呢？后续我将会用史料证明为什么会有"炎帝、蚩尤余部也是古蜀先民的其中一个分支"这一说法。

隔壁蚩尤

在丁山先生所著的《中国古代宗教与神话考》一书中，我看到这么几个比较特别，甚至可以说是标新立异的说法。他在文中引用了夏曾佑先生所著的《中国历史教科书》（商务印书馆改名为《中国古代史》）的内容，说："蚩尤逐帝榆罔而自立，号炎帝，亦曰阪泉氏。"

也就是说，炎帝是帝号，不是神农氏一人当的，他可能是前一任炎帝，他的部下蚩尤则是下一任的炎帝。

古蜀之国：三星堆国宝背后的蜀地文明

为什么会有这种说法呢？

根据《山海经·大荒北经》所说，蚩尤作战的时候，同僚风伯雨师"纵大风雨"，将蓄水的应龙打败了。黄帝迫于无奈，就请了天女魃来相助，才算止住了风雨，擒杀了蚩尤。

关于这一段传说，曾有人出过一个分析视频，说天女魃使用的武器，很有可能是"核武器"，因此才将无所不能的蚩尤军队一举击溃。虽然这个说法有调侃的意味，但提出这种说法的人，大概也是根据《山海经》所记载，天女魃所到之处，寸草不生，河水干涸，人民叫苦不迭，还出现了许多的怪物。这种情况，同核武器所造成的伤害如出一辙。

当然我们只能将之视为笑谈，毕竟在炎帝、黄帝、蚩尤存在的那个时代，是大家都还在住茅草屋的上古时代，从何而来的核武器呢？

但是有一点，炎帝是火神，蚩尤也擅用火，黄帝则擅长用水，所以又有炎黄二帝水火不容的说法。

按照我们之前所说的，在某些神话传说当中，蚩尤是炎帝的部下，后来脱离了炎帝部落，与炎帝部落发生了战争，炎帝部落因此才投奔黄帝部落，组建了炎黄部落，从而打败了蚩尤部落。

还有一种说法，说蚩尤是炎帝的后裔。在袁珂先生所著的《中国神话传说》当中就有叙述，蚩尤是炎帝的孙子，他为了替仁懦的祖父拿回被黄帝夺走的天帝宝座，所以才一直与黄帝部落争战不断。

由于老炎帝不愿意再与黄帝部落起争端，只想偏安一隅做个一方之首,所以并没有支持蚩尤与黄帝战斗。这里也为后来炎黄部落联手攻打蚩尤埋下了伏笔。

后来蚩尤索性自称炎帝,在涿鹿出兵与黄帝交战。

结局就是蚩尤最终被黄帝所斩杀。可即便如此,蚩尤都是中国古人所惧怕的战神,是兵主,是上古时候的大英雄。汉高祖刘邦在起兵之前,首先也是祭拜蚩尤,祈求庇佑。

蚩尤战败之后,黄帝觉得不够解恨,便将他所有的子民统统杀掉。这是在《尚书·周书·吕刑》当中记载的:"皇帝哀矜庶戮之不辜,报虐以威,遏绝苗民,无世在下。"

所以,现在可以统一说法,蚩尤或者说炎帝的余部四下逃窜,苟且偷生,余下的部族便是日后苗民的先祖。还有一部分族人归顺于黄帝部族,是为华夏民族的先民。

在《后汉书·西羌传》当中有记载:"西羌之本,自出三苗,姜姓之别也。其国近南岳。及舜流四凶,徙之三危,河关之西南羌地是也。"

也就是说,炎帝失败之后,余部向西南地区迁徙而去。炎帝为姜姓,余部被称之为"羌"。但是这个羌不是一个部族的名字,而是很多个部族组建而来的上古部落群。羌人起源于西北地区,比如在甘肃中部和青海东部发现的马家窑文化、辛店文化,卡约文化都有可能是羌人的文化遗存。到了商代,羌族是殷商王朝的"方国",被称为"鬼方"。而大禹,也被认为出自西羌。《史记·六国年表》当中有记载:"禹兴于西羌。"

这个西羌有说是在四川汶山石纽地区。

西汉史学家司马迁所著的《史记·五帝本纪》里写道:"南抚交阯、北发、西戎、析枝、渠廋、氐、羌、北山戎、发、息慎、东长、鸟夷,四海之内咸戴帝舜之功。"

这里指明,是有"氐""羌"两个部族。而"氐""羌"又往往被混为一谈,统称为"羌"。

古蜀先民羌族是炎帝的余部,这个得以证实。

在三星堆出土的文物当中,有一个宽1.38米的青铜纵目面具,有被指是否就是象征着《山海经》当中所说的上古神兽烛龙?而烛龙又被称为祝融,大概是因为谐音的原因。祝融,即重黎,颛顼的玄孙。祝融氏也是氏出多元的,历史上有颛顼族祝融氏和炎帝族祝融氏。

在上古神话传说里,炎帝被奉为"火神",后来又被称为"日神"。

颛顼与炎帝,都有太阳的神格,楚人是颛顼的后人,同时又信仰崇拜炎帝与祝融,他们视炎帝和祝融为日神,是英雄崇拜、祖先崇拜与太阳崇拜相结合的产物,是人神合一的日神崇拜。

古蜀人也有人神合一的日神崇拜,三星堆和金沙遗址都出土了不少代表日神崇拜的文物。

所以,也许经过了涿鹿之战以后,炎帝即蚩尤的余部有一部分来到了巴蜀地区,被收入黄帝后人的管辖之内,炎黄部族与当地蜀山氏又进行了一次民族大融合,从而形成了一种特殊的文明。

24 隔壁蚩尤

>>> 呈圆筒状前伸的眼睛是青铜面具的视觉中心

但是这种文明是绝对独立的,不受中原管辖。

直到公元前316年,秦惠文王派司马错、张仪灭掉巴蜀之前,整个巴蜀地区都处在一个独立自治的政权时代。这个时代时间跨度很长,从上古时候直到秦惠文王时期,长达3000年之久。

所以,古蜀文明不是中原文明的分支,但它与中原文明相互影响、相互融合,有文化交流后形成了相似的文化。

蜀山之王

在过去,"蜀山"的知名度,比"古蜀国"大一些。

这其中的原因在于,古蜀国当时只存在于神话传说当中,而蜀山是真实存在的,并且在很多文学作品与影视剧作品中出现过。

譬如还珠楼主的《蜀山剑侠传》。

《蜀山剑侠传》是还珠楼主于1932年在天津《天风报》上开始连载的。同样也是1932年,华西协和大

>>> I号大型铜神树

学博物馆馆长葛维汉提出了在四川省广汉县进行考古发掘的构想，这个构想获得了四川省政府教育厅的批准。

可是距离正式挖掘，还要再等一些年。

古蜀国尚未揭开神秘的面纱，"蜀山"却已是深入人心了。

蜀山究竟在哪里呢？

首先了解一下古蜀先民，又叫"蜀山氏"。顾名思义，就是居住在蜀山的氏族。"蜀山氏"名字由来已久，在《世本》《山海经》《史记》《大戴礼记》等古籍里，都有"蜀山氏"的名号。

在《史记·五帝本纪》当中有记载："黄帝居轩辕之丘，而娶于西陵之女，是为嫘祖。嫘祖为黄帝正妃，生二子……其一曰玄嚣，是为青阳……其二曰昌意，降居若水。昌意娶蜀山氏女，曰昌仆，生高阳，高阳有圣德焉……是为帝颛顼也。"

这段话把黄帝家族与蜀山氏之间的关系，阐述得非常清楚了。黄帝的大儿子青阳，降居在江水（即现在的湔江）。次子昌意降居在若水（即现在的雅砻江）。

雅砻江，是金沙江的最大支流，也是中国水能资源最富集的河流之一，发源于青海省巴颜喀拉山南麓，总长度有1571千米，河流的落差也是很了不得，达到了3830米，流量达到600亿立方米，全流域水能理论上来说，蕴藏量达到了3840万千瓦。

在上古时候，雅砻江又被称为"若水"，轩辕黄帝与嫘祖的儿子昌意，就是在这里与蜀山氏的女子昌仆结为了夫妻。

那么生活在这里的昌意与蜀山氏（也可以理解成是昌意与蜀地土著部落某个头领的女儿）联姻，是为了更好地融入当地的文化与生活当中，繁衍生息。

那么蜀山是在雅砻江一带的山吗？

有一首歌叫《幸福的摇篮》，歌词前两句是："贡嘎山下，雅砻江边。"

这个贡嘎山，就在雅砻江边。它属于横断山，是大雪山支脉的主峰，位于藏东川西，西靠雅砻江，东临大渡河。在藏语里，"贡"是冰雪的意思；而"嘎"字，则是洁白无瑕的意思。"贡嘎山"合起来解释，就是至高无上的圣洁之山，或者说最高的雪山。

这些山峰连绵巍峨，主峰达到了7556米，是四川省最高的山峰，被称为"蜀山之王"。在贡嘎山的周围，还有海拔6000米以上的山峰45座，真是浩浩荡荡的雪山群落啊！在这座气势宏大的挺拔高山里头，有大小湖泊38个，泉水40余处，以及大大小小的现代冰川71条，可以说这里完全就是个人间仙境，实在是美妙得不得了。

25 蜀山之王

有人说贡嘎山"一半在天上，一半在人间"。它是具有某种特殊意义的圣山之一，让人向往，又敬畏。

贡嘎山虽然不及珠穆朗玛峰高，但它比珠穆朗玛峰凶险。在全球死亡率最高的十座山峰里，贡嘎山排名第二位。1980年，它与珠峰等其他七座高峰被中国政府同时对外开放，吸引了大批的登山者前来。其中，日本登山者尤其多。

>>> 太阳神鸟金饰（金沙遗址出土）

在1979年的时候，日本大阪教育大学人类学名誉教授鸟越宪三郎发表了一个学说，说有证据显示，日本人可能就是四川彝族人的后裔。日本人发现日本南部纪伊半岛的神户、京都、大阪、奈良、和歌山等地，与中国四川磨西古镇的彝族人的许多传统，都惊人的相似。因此，他们认为自己是四川彝族人的后裔，也将贡嘎山视为了"父亲山"。至于日本的富士山，则是他们的"母亲山"。

但是在1979年，三星堆的祭祀坑还没有被挖掘出来，"古蜀国"以

古蜀之国：三星堆国宝背后的蜀地文明

>>> I 号大型铜神树通高 3.96 米

>>> I号大型铜神树（局部一）　　　　　>>> I号大型铜神树（局部二）

及"古蜀文化"，甚至"古蜀先民"这些词语，相对来说还没有被普及推广。而彝族是古蜀人的后裔，这个论述，也是后来的研究结果。

两者之间的风俗有些相似。譬如说信仰这个事情，彝族也是对火与太阳有着热烈的崇拜，认为太阳是父母。而日本人崇拜太阳，认为太阳神是祖神。

虽然太阳崇拜是分散在世界各个民族的普遍现象，但是日本人对于三星堆，对于贡嘎山的感情，确实是比较独特的。

以前在三星堆博物馆发生过一件事：有一位日本老人，来到三星堆博物馆，在看到青铜神树的那一刻，就跪下来叩拜。他认为这是他们祖先的神树。

所以，贡嘎山被他们认为是父亲山，倒也不是不可能。出于学术研究的严肃性，这种没有被证实的言论还是有待考据的。

贡嘎山是座了不起的神山，天气晴好的时候，在成都市区是能够看得见的。在充满钢筋混凝土的城区抬眼一看，便瞧见了云遮雾绕的远山，仿佛神迹一般。成都也是全世界范围内唯一一个能够看到7000米以上雪山的城市。

我们在成都市区还能瞧见另一座山，这座山就是被誉为"蜀山皇后"的四姑娘山幺妹峰。

那么"蜀山皇后"又是在四川的哪里呢？

蜀山皇后

有一年，我在一个梦境里见到了一座非常漂亮的高山，那座高山就伫立在我老家的屋后。山顶彩云环绕，有一束金色的光芒落下来，笼罩着整个山顶。山上植被茂密，百花齐放，像仙境一样。醒来之后，我立即记下了这个梦，但是久久不能释怀，于是就同友人说起，友人听完之后，觉得我梦见的可能就是四川省的四姑娘山。

我那会儿从未去过四姑娘山，就在网上找了图片

古蜀之国：三星堆国宝背后的蜀地文明

>>> 遥望四姑娘山

26 蜀山皇后

和资料来看一看。倒是颇有一些神似，譬如四姑娘山最高的山峰幺妹峰，它的轮廓，竟然和我梦中所瞧见的那一座一模一样。我当时虽然觉得有些邪门，但又认为，可能是平日里研究这些太多，所以造成了"日有所思，夜有所梦"。

四姑娘山在阿坝藏族羌族自治州小金县境内，属于青藏高原邛崃山脉，分大姑娘山、二姑娘山、三姑娘山和四姑娘山（幺妹峰）。小金县境内有藏族、羌族、回族、汉族四个民族。

四姑娘山区域海拔在5000米以上的雪峰有52座，终年积雪。其中主峰幺妹峰海拔6250米，是四川省第二高峰，仅次于贡嘎山，因此又被称为是"蜀山皇后"。

四姑娘山距离成都不算远，大概200多千米。天气晴好的时候，在成都市区抬眼一望，就能瞧见它。

在成都市区看到雪山是自古以来就有的

>>> 幺妹峰被称为"蜀山皇后"

特殊待遇。诗圣杜甫在成都居住期间，曾经写下了"练练峰上雪，纤纤云表霓""远烟临井上，斜景雪峰西"等诗词。

由于在成都市区就能看见远处西边的幺妹峰，所以有关专家就推论，也许位于成都西北方向的幺妹峰就是传说中的地极昆仑。为什么呢？因为古蜀人是有高山崇拜的，他们祭祀的神山，应该就是传说中的"蜀山"，也是他们祖先的发源地。

在《华西都市报》上看到过这样一种说法：根据最近几十年的史前考古来看，成都平原没有一处超过距今5000年的遗存。已经故去的考古学家俞伟超先生曾经说过："这极可能说明，当时成都平原因为动辄洪水泛滥，原本就不适合生存，直到治水渐有效果，才从岷山河谷搬到平原。"

居住在岷山河谷里的氐羌族，他们是古蜀国的主要先民。

羌族信仰的神灵很多，但是都没有塑造铜像，而是以白石作为象征。比如说，被放在屋顶上的白石代表的是"天神"，被放在火塘边的白石代表"火神"，被放在山头上的白石代表"山神"，被放在田地里的白石代表的则是"青苗土地神"。有的人家在屋顶上还立有很多个白石，这些白石除了代表天神之外，还代表着别的神灵。这就是羌族的"白石崇拜"，羌人常常会向白石虔诚祈祷，烧香祭拜。

>>> 四姑娘山幺妹峰

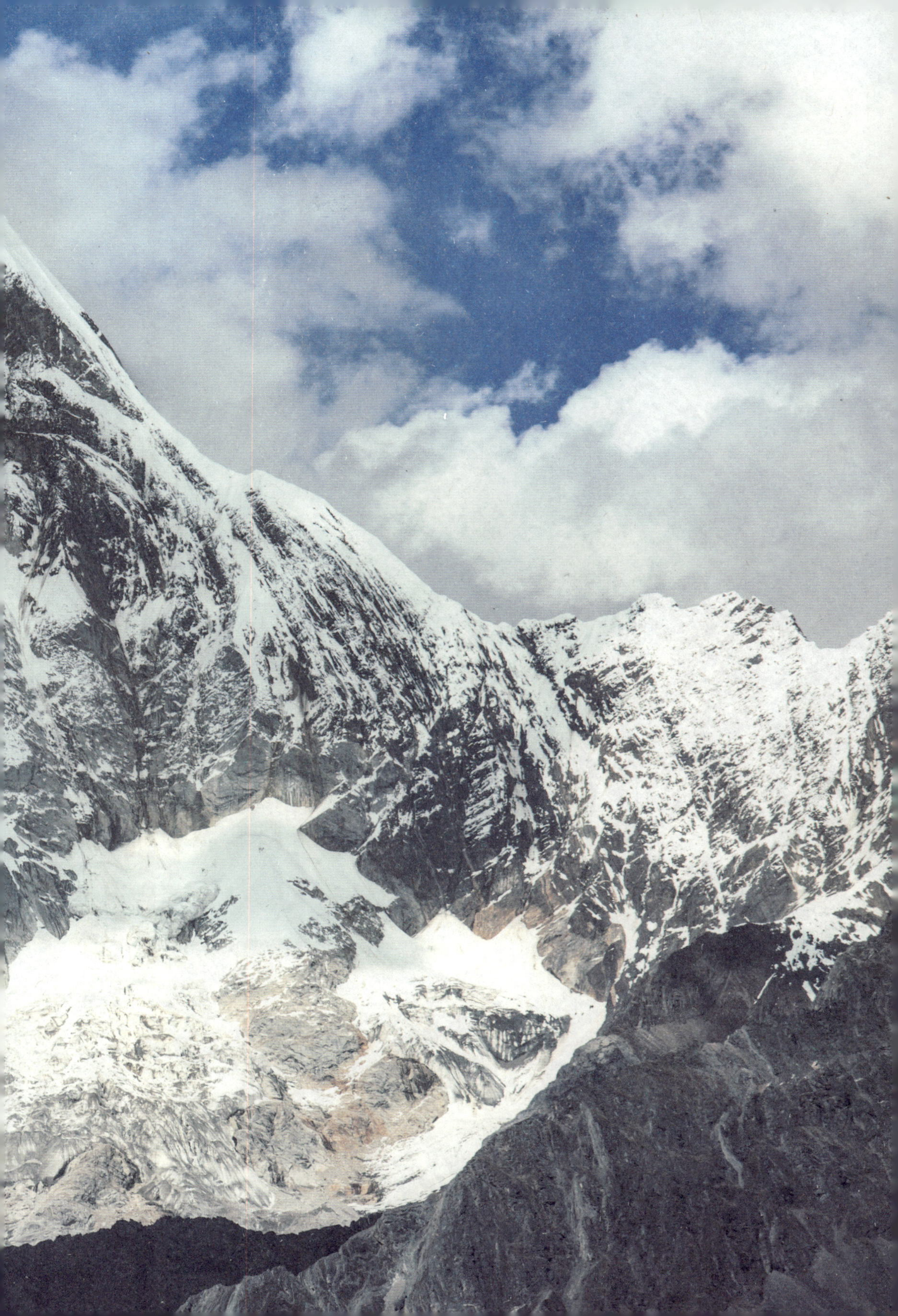

>>> 四姑娘山双桥沟

在王康、李鉴踪、汪清玉所著的《神秘的白石崇拜》一书中,认为"在古羌人的观念中,雪山似乎就是一块巨大的白石"。

在羌族的长篇叙事史诗《木姐珠与斗安珠》中记录,古羌人在向岷江流域迁徙的过程当中,遇到魔兵追杀。在经过了殊死搏斗之后,仍然被打得落花流水。在生死关头,木姐珠用神力搬来了三座大雪山,这三座大雪山阻挡了魔兵的追击,使得羌人转危为安。因此,羌族人对雪山十分崇敬。

在羌族的另一部长篇叙事史诗《羌戈大战》中也记载了一个故事。

古羌人在迁徙过程中,和戈基人之间发生了一场旷日持久的战争。史诗里称戈基人叫戈基嘎补,羌人与之相战,本来处于下风,后来羌人得到了天神阿爸木比塔的帮助,用雪团作为武器,战胜了用麻秆作为武器的戈基人。到了后来,雪团就化作了白石,从那以后,白石被羌人尊为阿渥尔,也就是白石神,家家户户供奉信仰。

古羌人从岷江上游进入成都平原,建立了古蜀国的政权。在一些古籍当中,多次提到过"西山",有人就怀疑,也许这个"西山"就是成都西北方向的四姑娘山,同时也是羌人心中的白石神山。

其实，说了这么多，不管是雪山崇拜也好，白石崇拜也罢，或者单纯的高山崇拜，都是蜀人的一种信仰存在。古蜀国的先民们确实也曾经生活在这里，但是由于各种原因，有些分支首领不得不率领族众，一路往平原迁徙。

因为一些其他的原因，比如说平原经常会遭遇洪水，或者说是由于政权的更替，那么战败的部族在平原上没有办法继续生存下去了，怎么办？首领只能又带着族众，退回了祖先居住的地方。

这也是为什么羌族的史诗里，总是会出现战争背景。不管是木姐珠用来抵御魔兵的三座大雪山，还是天神阿爸木比塔使用的雪团，都与雪有关，与白色有关。那么会不会是古蜀人的这一个分支，因为部族战争失败，最后躲进了祖先曾经生活的大雪山里，才最终战胜了另外的部族呢？

这种猜想，应该是有可能的。

「蜀地妖山」

　　四川有一座很神奇的山，在唐宋时期，它与峨眉山并称为"蜀中二绝"，是姊妹山。据说这里也是太上老君升仙的地方，是道教的发源地。汉朝末年，张陵还在此处创建了五斗米道。到了元末明初，张三丰也来到这里修行，也创建了门派。

　　但是这么一个道教圣山，却在明清两朝的时候被称为"妖山"，甚至被朝廷封禁，达400年之久。

　　为什么要封山呢？

古蜀之国：三星堆国宝背后的蜀地文明

据说在这座山上，经常发生一些令人匪夷所思的事情，比如，时不时地会出现一些黑雾弥漫在山林里，而这些雾气可能是有毒的，我们现在将之称为"瘴气"。又比如说，在这座山林里可能藏着很多吃人的妖怪，许多人在这座山上莫名其妙就失踪了，甚至悲惨死去。由于莫名失踪与枉死的人实在是太多了，便给这座山蒙上了一层可怕的阴影，到了明清两朝，朝廷便直接下令封山，封山时间长达400年之久。

到了现代，这座山的某些区域也依旧被视为"旅游禁地"。那么这究竟是一座什么样的山？竟然如此诡异。

这座山，位于四川省洪雅县境内，由于山顶是平的，但是周围的悬崖又十分陡峭，远远看去，就很像川西平原的瓦房屋顶，所以被称为"瓦屋山"。瓦屋山的山顶平台面积约11平方千米，是亚洲最大的桌山。

这座山气势恢宏，风景优美，虽然自古以来因为一些事故与传说被蒙上了神秘的面纱，但是它跟本文的主题确实密不可分。

它是目前为止，我看到过的唯一一座真实存在的、在古时候被称为"蜀山"的山。也就是说，如果"蜀山"真的只是一座山的名字的话，那么，瓦屋山就是我们寻觅多时的那一座。

在这座山上，正好也有我想要找的那个人——蜀王蚕丛。

传说古蜀国的开国君主蚕丛，死后就被埋葬在瓦屋山。

这里正好就有古蜀国的文化遗存，比如说巴蜀图语，有些已经融入了道家的符咒里。还有青羌文化遗存，古羌人修建了"川主庙"祭祀青衣

27 "蜀地妖山"

神，是有名的青羌之祀。不过我上次去，并没有看到川主庙，因为那个区域还在修缮当中。

但是在瓦屋山工作人员的手机里，我看到了一个破破烂烂的寺庙。在这个破破烂烂的寺庙里，供奉着一个破破烂烂的木菩萨。也许是因为年代久远，所以雕像受损严重。工作人员告诉我，这个鼻子眼睛都分辨不清的木菩萨，就是青衣神。

那么青衣神，说的又是谁呢？

说的正是古蜀国的第一代蜀王——蚕丛。

在民间传说当中，他不仅是蜀王，是川主，同时也是司管蚕桑之神。他死后就被埋在了瓦屋山上。

不过这里我还是要多嘴讲一句，蚕丛王其实是有很多代的，他们最早是带着子民迁徙生存的，后来一路走，一路定居，一路发展，才有了"市"。之前我讲过，川西平原早年比较流行的蚕市，就是来源于蚕丛王带着部族一路迁徙，一路与当地的土著进行蚕桑及生活用品的贸易，最后招致成市而形成的一种风俗习惯。

也许安葬在瓦屋山的这位蚕丛王，很有可能是在迁徙的过程中留下来的。当然，也有可能是因为别的原因，比如说部族战争结束之后，蚕丛王带领部族从平原退居到瓦屋山来，以求休养生息。所以，也有可能瓦屋山就是蚕丛族的王陵所在地。

在公元前816年左右，四川雅安至乐山青衣江流域，有一个古国，叫

>>> 瓦屋山（摄影：廖学林）

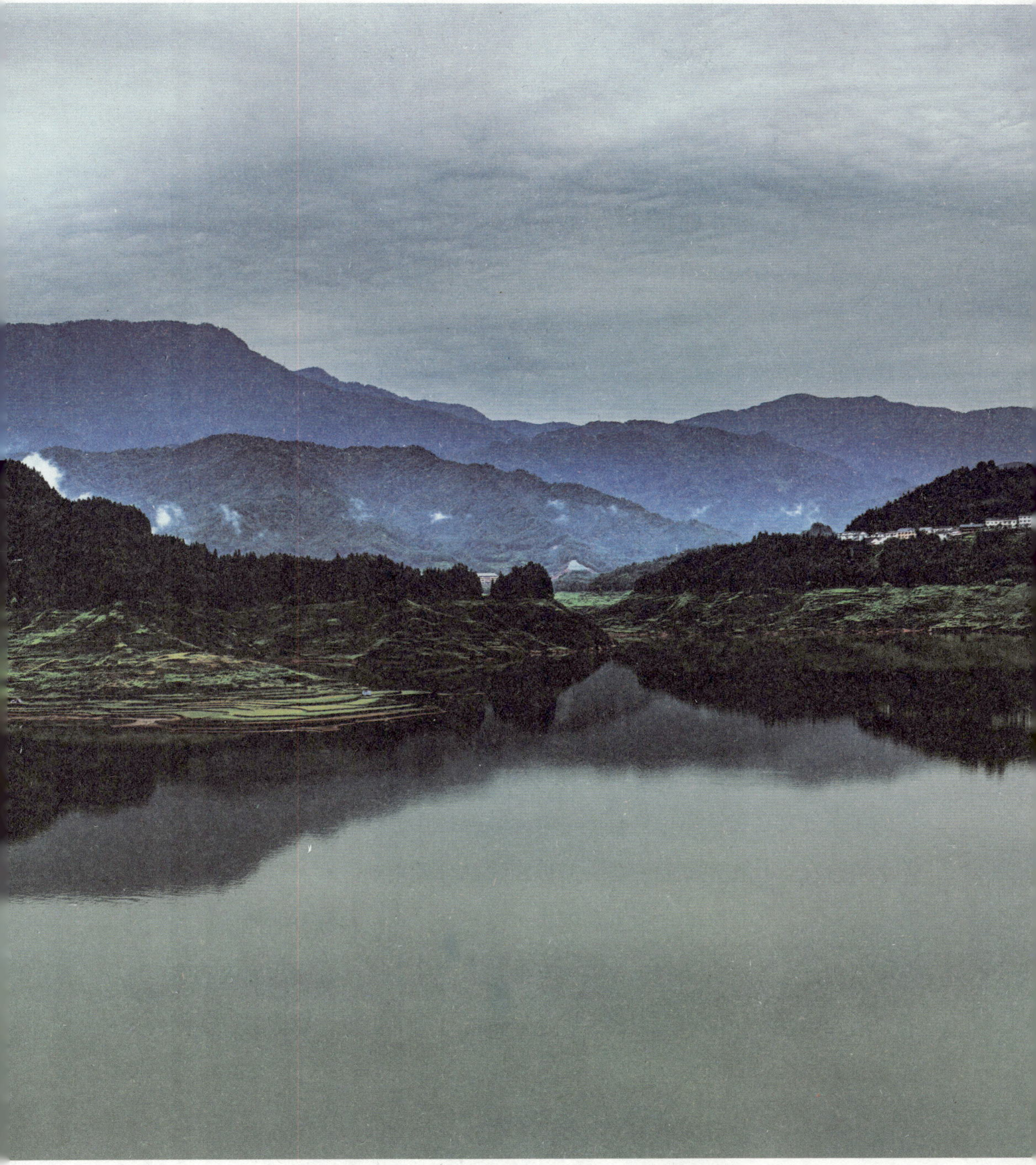

古蜀之国：三星堆国宝背后的蜀地文明

青衣羌国，国都在宝兴县灵关镇，国王名叫安阳。青衣羌国的人喜欢穿青色的衣服，王国因此而得名。假如青衣神就是蚕丛王，那么青衣羌国应该就是蚕丛部落的统治中心。就时间年代来看，青衣羌国属于古蜀国鱼凫王朝末期，杜宇王朝早期。也就是说，当时统治整个古蜀国的是鱼凫王或者杜宇王。

当然这个也不是绝对肯定的，只是针对公元前816年这个年代进行的推测。

关于这个安阳王，我在很早以前就听说过他的传说。

据说在公元前316年，秦国灭掉巴蜀政权之后，有一位蜀国的王子安阳，带着余部往缅甸、柬埔寨、越南等地逃去。徐中舒《〈交州外域记〉蜀王子安阳王史迹笺证》记载："安阳王称蜀王子……有兵三万，他由榆水进入红河……"最后在扶南国定居，也就是现在的越南。

其实在2000多年前，能够拥有三万兵力的安阳王，算是实力非常强大的了。这支迁徙队伍也许打不过秦军，但是在逃难的过程中，收服了没有接受过统一政权领导的土著。所以，这部分人来到红河三角洲之后，与当地人融合，人口不断增多，族群也不断壮大，甚至有部分向西发展到了缅甸，因此今天的缅甸有"仁安羌"的地名。还有一部分向南发展到了柬埔寨，在现在的柬埔寨，有20万青羌后裔。越南的史籍也有记载，他们的祖先是来自四川的青羌。

所以有人说，羌族是一个民族化石，是世界性的民族，也是有这方面

27 "蜀地妖山"

的原因的。

不过对于安阳王的身份，有多种说法。在青衣江，他是青衣神的后裔，也就是蚕丛的后裔。但是在越南的史书《大越史记全书》里，安阳王名叫蜀泮，是鳖灵的后裔。

虽然都是蜀国的王子，但是差别很大。因为蚕丛王是古蜀国的第一代王朝的开国之君，而鳖灵则是古蜀国的最后一代王朝的开国君主。两个王朝之间还隔着柏灌、鱼凫、杜宇三个王朝，有1000多年的历史呢。

古蜀之国：三星堆国宝背后的蜀地文明

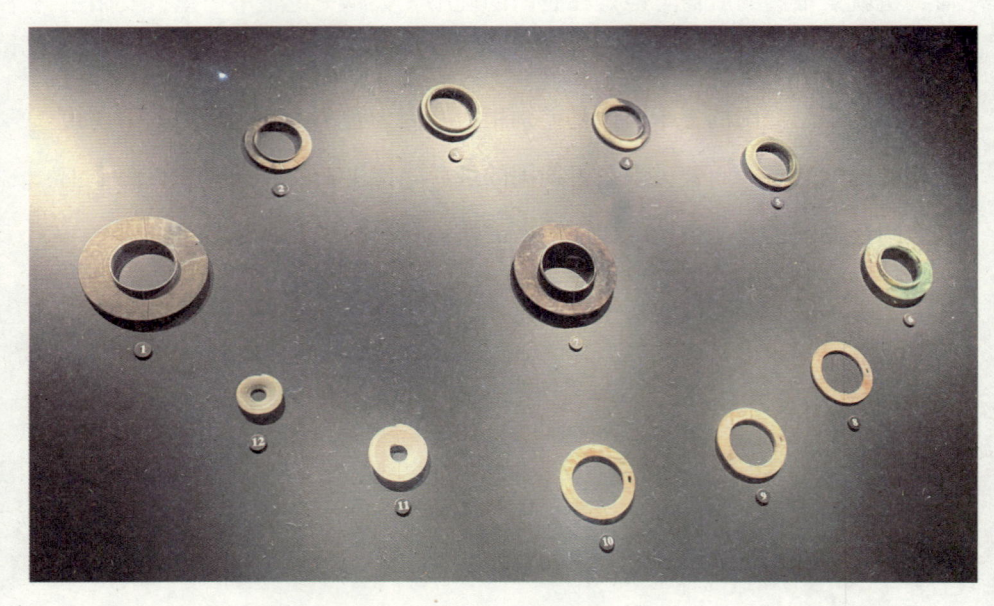

>>> 三星堆一、二号祭祀坑，仁胜村和仓包包出土的玉器

两座"蜀山",两处"蚕丛王陵"

按照我们写小说的套路来进行衍生联想的话,如果这个安阳王既是蚕丛王的后裔,又是开明王的后裔,那便是开明王朝统治古蜀国之后,与各个部族进行了联姻,使蚕丛、柏灌、鱼凫、杜宇、开明五大部族鼎立的政治局面,变成了民族大融合,在外人看来,就统一被称为"蜀族",或者"羌族"。

毕竟古蜀国有近3000年的独立统治时期,历代古蜀王为了国家的长治久安,通过部族联姻进行民族大融合，也不是不可能的。

另外，再补充一下，青衣江是岷江支流，岷江是长江上游的重要支流。古蜀国为什么被称为"长江文明之源"，也是因为这个原因。古蜀先民曾经沿着河流将古蜀文明带到长江下游去，与长江下游的古文明进行过交流。

这其中除了与荆楚文化进行交流之外，也许还与长江下游环太湖地区的一个古代政权进行过文化交流。这个古代政权，就是杭州良渚古城。我前段时间正好去过良渚古城，发现良渚文明与古蜀文明其实也有着许多的相似之处。尤其是与古蜀国的第二个政权柏灌王朝，有着非常相似的国都格局。杭州良渚遗址与成都新津宝墩遗址，是属于同一时期的古城遗址，都是泽国。也就是在城邦之内，有多条水路。宝墩遗址有一个古城复原图，我收藏了一份，同杭州良渚遗址的古城格局极其相似。所以两者之间，会不会有着某种微妙的联系呢？这就需要时间与大量资料的考证来进行阐述了。

不过在成都金沙遗址，出土了一些玉器，同良渚文明的玉器颇有相近之处。最为明显的，便是成都金沙遗址出土的十节青玉琮，已经被学术界

>>> 四节玉琮（金沙遗址出土）

28 两座"蜀山",两处"蚕丛王陵"

确定是来自良渚文明的交流产物。

四川眉山市境内,有一个青神县,被誉为是古蜀国第一代蜀王蚕丛的故里。因为蚕丛教民种桑养蚕,与外界贸易往来,使得蜀地的百姓生活富足,经济发展强盛。后来,蜀人为了感念蚕丛的恩德就将他奉为青衣神,也就是蚕神。又将他出生的地方命名为青神县,再将他活动的主要区域的那条江,定名为青衣江。

在蚕丛时代,古蜀人除了养蚕打猎之外,祭祀也是他们生活的重点。古人对于自然科学的了解非常浅,这个世界对于他们来说,是神秘且神奇的,所以祭祀是精神的寄托,也是生活的寄托。至今,在青衣江流域,都还有祭祀青衣神的古蜀遗风。而从资料上看,在瓦屋山,还留下了"圣德""薄山""遗福""万安"等庞大的祭祀蚕丛的建筑群。

说到这里,想起之前说过的一个地方,与蚕丛王也有着非常要紧的关系。这个地方就是四川茂县的蚕陵。

>>> 新石器时代良渚文化十节青玉琮(金沙遗址出土)

181

>>> 鼓墩子建筑基址俯视照

>>> 鼓墩子建筑基址

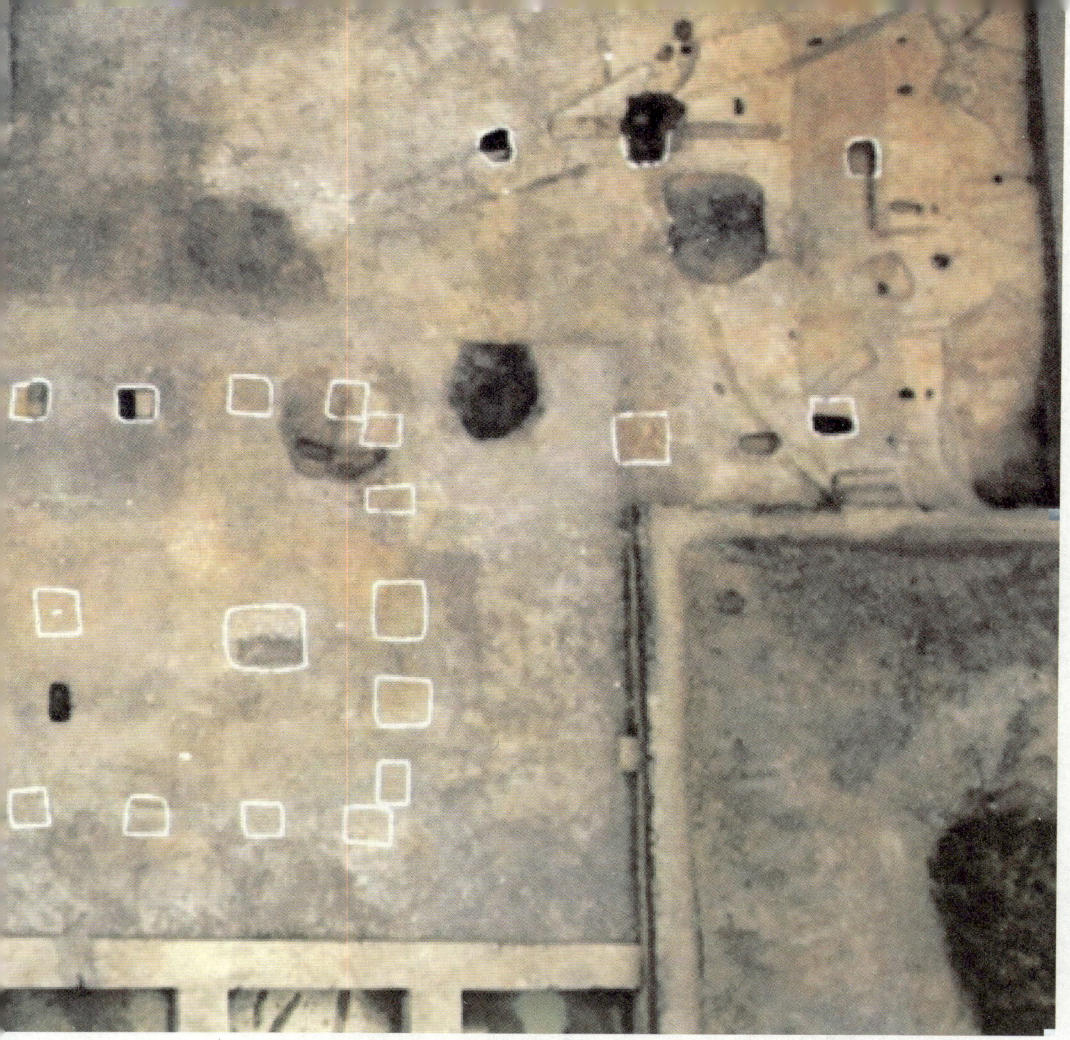

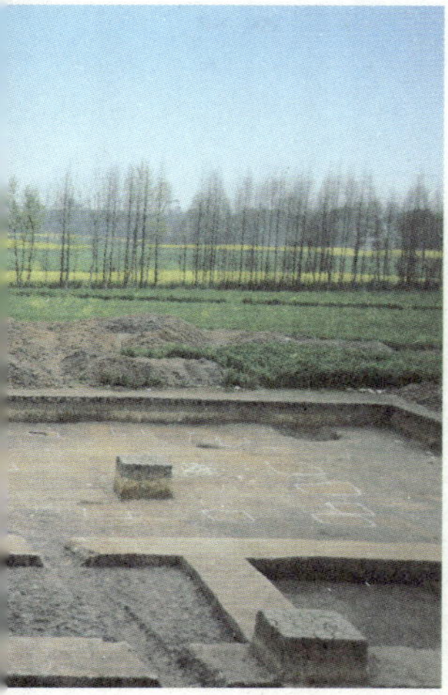

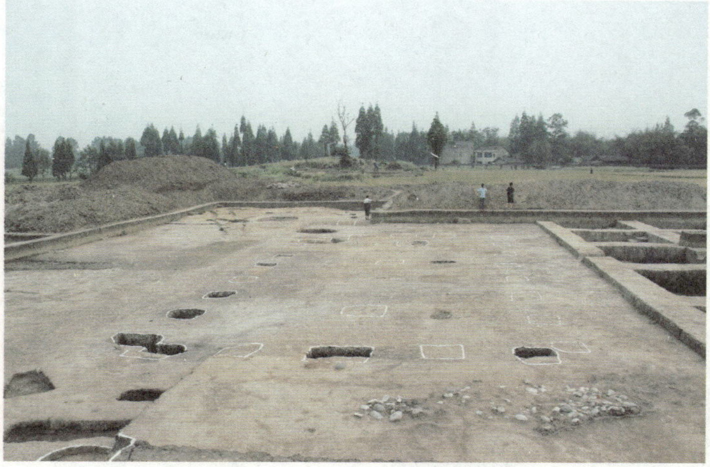

古蜀之国：三星堆国宝背后的蜀地文明

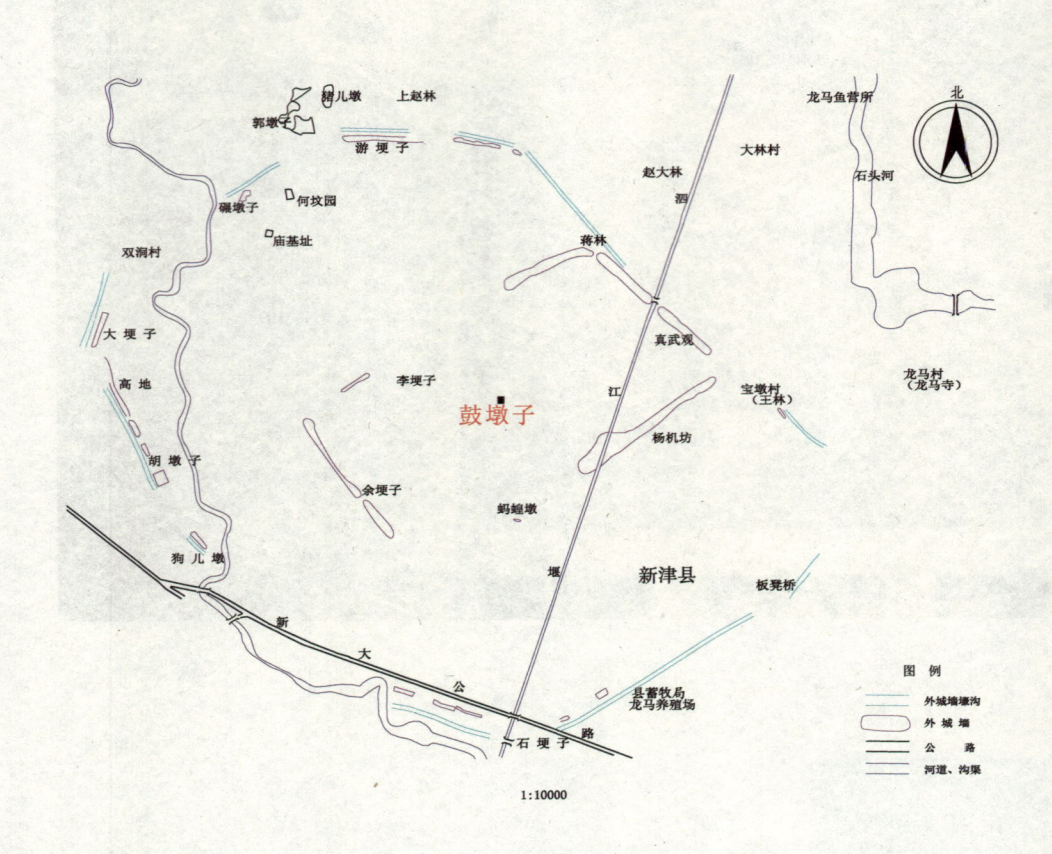

>>> 鼓墩子建筑基址地理位置示意图

28 两座"蜀山",两处"蚕丛王陵"

根据一些古遗迹显示,在夏朝时期,蜀人就已经在那一带活动了。司马迁《史记·三世表》、张守节《正义》记载"蜀之先王肇于人皇",说的就是蜀国的开国之君是与人皇同时期的,人皇就是轩辕黄帝。黄帝娶西陵氏女嫘祖为妃,西陵氏就是蜀山氏。我之前也讲过,轩辕黄帝的正妃是四川土著。在《蜀王本纪》当中也有记载,说"蜀之先登王者蚕丛",西戎蚕丛氏得帝喾封蜀西,西戎蚕丛氏居山下石室,即为王都。

轩辕黄帝的正妃嫘祖死后,便被埋在了蚕丛山下,此山便更名为蚕陵山。蚕陵山又称为蜀山,它也是属于蚕丛王活动的区域。

按照这个说法,茂县与瓦屋山,其实相隔还是比较远的,开车也需要差不多六个小时;如果是古人步行的话,就算是很快,也要十天半个月。所以说,这两个区域的蚕丛,很有可能是同宗同源,但是分区域而治。也就是说,当时虽然是部落联盟制,但也很有可能因为统治区域太大,所以要将部族族众划分出去,类似于中原历史当中的亲王之类。

所以,茂县蚕陵山的蚕丛王,是实实在在的蚕丛王。在瓦屋山的蚕丛王,也是实实在在的蚕丛王。就像我们不同地方的中国人在外国人眼里,都被称为"华人""唐人"是一个道理。

但是,出生在青神县的蚕丛王,为什么会葬在瓦屋山呢?

我看到的答案是说,因为瓦屋山的东岩与蚕丛王的家乡青神县遥遥相望,所以蚕丛王死后选择被葬在这里,可以遥望家乡。在瓦屋山上,还有川主庙、王爷庙、大椁槽、七椁山。

可是直觉告诉我，假如某一位，或者多位杰出的蚕丛王被葬在这座山上，那么可能不只是为了遥望家乡这个原因。

令人胆寒的迷魂凼

2018年8月，闭关六年的瓦屋山重新开山营业，我慕名前去，就是想探一探蚕丛墓，但是很遗憾，这个区域还在开发当中，没有开放。

当时去看到的瓦屋山风景区，只有很小的一部分在接待游客。不过即便是这样，也很值得看。最美好的体验是坐在缆车之上，当时虽然心里七上八下的很忐忑，但是俯瞰脚下，又觉得这样的冒险是很值得的。缆车穿山越岭，人就在云中穿行，腾云驾雾，仿佛神仙一样的体验。

到了瓦屋山的山顶，其实没有多少风光可看的，山顶上只开发了边缘的一小部分，再往里去，就是原始森林。瓦屋山是个国家级的森林公园，山顶上真的很潮湿，而且总是有一些雾气飘来飘去的。天气也是时好时坏，一会儿出太阳，一会儿下点小雨。

沿着山里开发的道路一路走过去，时常会有瀑布从脚边穿过，落下万丈深渊。我是不敢多做停留的，多逗留一会儿，就会想象人要是落下去，恐怕会粉身碎骨，真是可怕得很。

但我又贪恋云海，便战战兢兢地缩在观景台边上眺望。

当太阳出来的时候，云海就会自觉散去，远远看去，山下的风景十分秀丽，矮个儿的山头一个接一个，连绵起伏，层峦叠嶂，就像水墨画一般，非常漂亮。

我那个时候便被眼前的美景深深触动了，同时对于瓦屋山就是"蜀山"，蚕丛王的埋骨之地就在这里，深信不疑。

毕竟，站在山顶极目远眺，大蜀山河尽收眼底，何其壮阔。

我在山顶转悠的时候，看到有一个山志。当然，我们也可以将之理解为这座山的一个介绍。上面赫然写着："瓦屋山在古时候又被称为'蜀山'。"起初我觉得很诧异，但是后来觉得很合理。

为什么呢？因为"蜀"字的由来，本来就是因为蚕。"蜀"字的上半部分，是一个眼睛，这不禁令我想起在广汉三星堆遗址出土的大量的眼形神器，以及纵目人面具。古代四川人是有眼睛崇拜的，而在甲骨文当中，"蜀"字的下半部分更像是一只虫子。当然，那不是一只简单的虫子，它是会吐丝的蚕。

所以说，如果瓦屋山千真万确就是蚕丛王死后的埋骨之地，那么它也就是当之无愧的"蜀山"。

其实，即便是蜀王蚕丛没有埋骨在这里，这座山，也并不是一座寻常的山。

在这座山的平顶上，有一个区域到目前为止依旧被称为"旅游禁区"，同时也因为这个地方，所以瓦屋山在明清时候，才会有"妖山"这样的称呼。这个区域就在瓦屋山鸳鸯池东南方向。2018年我去的时候也没能看到鸳鸯池，只看到了工作人员出示的修建图纸，假如修建完毕，投入旅游使用的话，那真的是很美好的一个地方，我还会再去的。不过我想说的不是鸳鸯池，而是它旁边的"迷魂凼"。这个迷魂凼是令瓦屋山人闻之胆寒的地方，当时我采访的那位工作人员在下午三点多左右就在山顶提醒游客，应该下山了。我当时与他一路同行，聊了很久，聊到迷魂凼的时候，他便沉默了，最后摇了摇头，叫我不要试图打听这个地方，更不要以身犯险，说那里不仅有瘴气，还有很多凶残的猛兽。

我查了查，迷魂凼位于北纬29°32′~29°34′，这个纬度正好与耸人听闻的百慕大三角、神奇无比的埃及金字塔接近。大家都知道，在神秘的北纬30°，总是会发生一些难以解释的、神秘的事情，这个迷魂凼也不例外。

>>> 瓦屋山

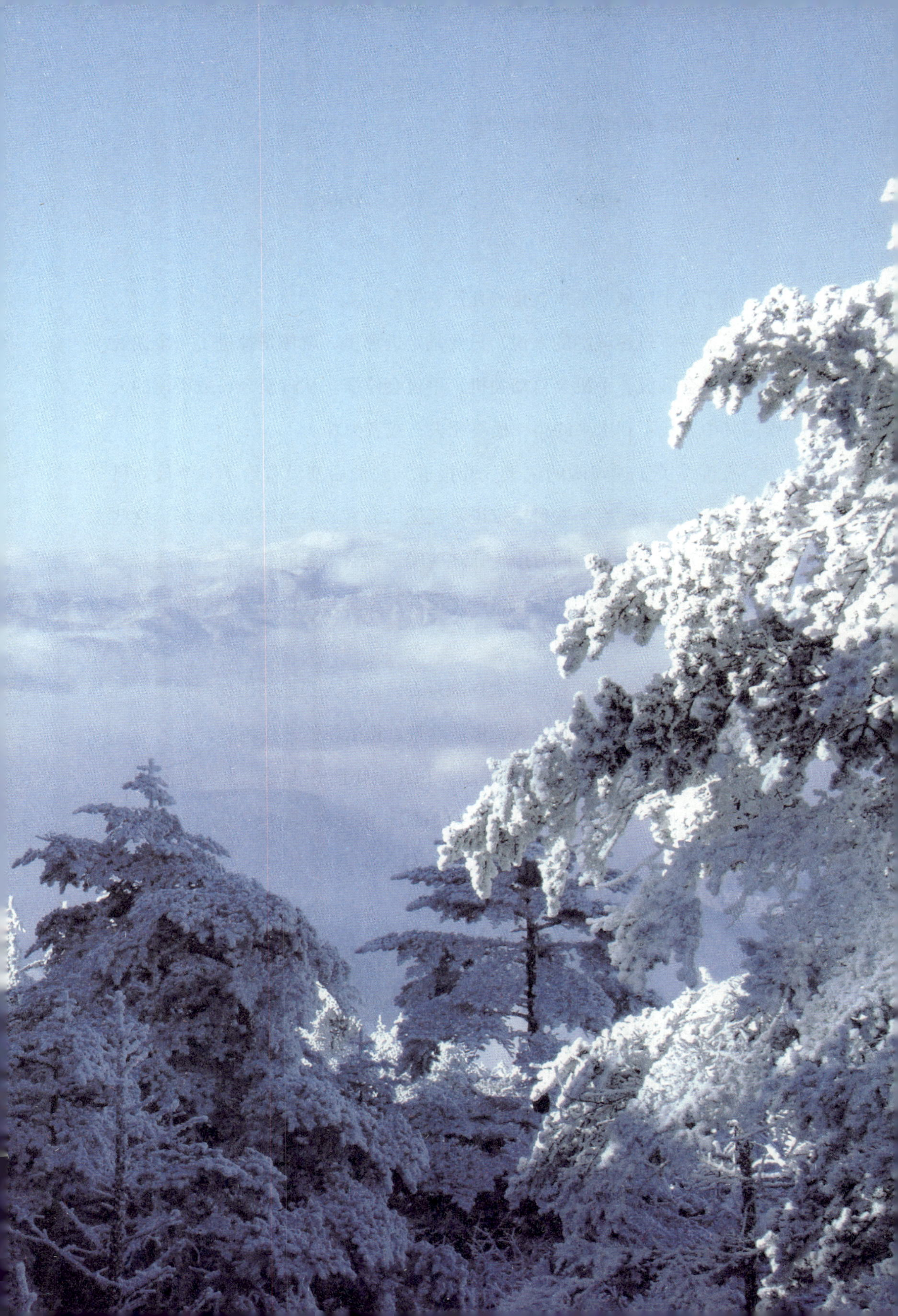

进了这个区域,基本就是"九死一生"。

根据考察过迷魂凼的人说,只要是走进那里,就像是掉进了一个迷魂阵,罗盘会失灵,手机会自动关机,手表会停摆。从古至今,数不清的人误闯其中,找不到出来的路,最终死去,或者失踪。

有许多关于迷魂凼的纪录片和报道,到最后都没有给予一个最为科学且肯定的说法,有一些科学家说是瓦屋山的玄武岩当中富含磁场,这些磁场会导致设备失灵,同时由于在迷魂凼当中有太多的箭竹,就像迷宫一样,人一旦迷失方向之后,就会产生慌乱与幻觉,在极度恐惧的情况下,是很难走出这个恐怖地带的。

但是这些说法并没有被广大探险爱好者,甚至当地的山民所接受。现在的迷魂凼依然是个旅游禁区,也依然带着很浓厚的神秘色彩。

而我也因此产生了很多的联想。在几千年前,古蜀王蚕丛带着他的部族来到这座山里的时候,是因为什么原因留下来的呢?又是因为什么原因,死在这里的呢?

古蜀国的历史,由于缺乏文字的记载,很多都是流传于民间,在老百姓的口口相传中,流淌了几千年。

我在瓦屋山的观景台上瞧着脚下浩瀚无垠的广袤平原,胸中燃起一种难以言喻的壮阔之感。想必三四千年前,古蜀王蚕丛,也曾看过相同的风景,有过相同的感慨吧!

而为什么"川主"会将墓地安排在这里,是因为迷魂凼的存在吗?

29 令人胆寒的迷魂凼

迷魂凼可以形成一种天然的屏障，牢牢守护古蜀国开国之君的棺椁，不被外人所侵犯。又或者，是否迷魂凼本身就是古蜀先民为了守护他们的伟大君主，而设立的一个迷阵呢？

这些想法，在我的脑海里冲来撞去很久了，于是在我的小说《蜀帝传奇》里，就有一个章节对迷魂凼进行过特别详细的描述，说的是男主角与女主角误入迷魂凼，在迷魂凼中见到了过去枉死的人，从这些人的嘴里，听说了一些从未揭晓的神秘往事。

其实就我个人而言，对迷魂凼是非常感兴趣的。但是我也很怕它，我从不同的人嘴里听说过它不同的一些往事，也不知道那些事情究竟是真的发生过，还是出于别人的杜撰与幻想，但是对于想象力比较丰富的创作者来说，就很容易越想越深。因此在小说里，我也进行了一些联想。

其实有兴趣的朋友，可以到瓦屋山去感受一下大蜀山河的神秘壮阔，看一看云海，听一听迷魂凼的故事。假如遇到蚕丛墓开放了，还可以去拜一拜我们古蜀国的开国之君，何乐而不为呢？

古蜀之国：三星堆国宝背后的蜀地文明

>>> 青铜大立人衣服背面的纹饰

古蜀人的蚕桑业

中国丝绸文化的神话传说非常久远,在7000年前,就有了蚕的存在,那么在神话传说里,更是追溯到了伏羲时代。

有文献记载说"伏羲化蚕桑为穗帛""神农教民桑麻,以为布帛"。朱熹在《通鉴纲目·前编》中指出,"西陵氏之女嫘祖为帝元妃,始教民育蚕,治丝茧以供衣服"。

早在商周时期,便已经有了关于蚕桑的文字记载。至于传入西方国家的时间，最早则应该是在汉朝初年左右。

对于西方人来说，他们讨论中国的时候，蚕丝代表着中国人物质生活的一部分。而对于四川来说，"蚕"则很有可能代表的是古蜀先民的祖先神。

由于古蜀文明缺乏文字的记载，所以我需要从另一个角度来介绍古蜀先民的蚕桑业。首先我们来看一看，对于蚕丝最早有文字记载的殷商时代。

这里需要介绍一下，殷商时代所对应的古蜀文明时期，应该是三星堆中晚期。

甲骨文当中，有桑、蚕、丝、帛等字。在商王武丁时期，武丁叫人去省察蚕事，占卜至少有九次之多。而且根据记载，在当时，蚕神是被举国祭祀的远古神灵之一，而且祭品也是相当的讲究，甲骨文当中有说，拿羌人做蚕神的祭品。在商朝，羌人的身份是奴隶，动不动就杀来祭天祭神，这也是后来会发生武王伐纣的一个根本原因之一。武王伐纣的重要助力，传说中直钩钓鱼的姜太公，他就是羌人。

通过拿奴隶祭祀蚕神也可以看出，在殷商时代，蚕桑是非常重要的。在《蜀帝传奇》里，有一个章节专门写了"蚕母祭"，但这个蚕母祭与殷商时期的蚕神祭祀，还是有一些区别的。因为经过了周王朝的沉淀之后，所有的祭祀活动都变得相对比较文明，不像之前那么野蛮，动不动要用人或牲畜酬神。

30 古蜀人的蚕桑业

我在查阅《殷商史》的过程中，读到一些比较肯定的观点。

王若愚说："中国是世界上最早采用各种纹样织布的国家之一，并且首创了提花织机。从殷墟出土的青铜器丝绸印痕上可以看出，早在3000多年前，人们已经会织出斜纹、花纹等比较复杂的纹样。"

著名考古学家夏鼐先生也说："中国是世界上最早养蚕和制造丝绸的国家，并且在很长一个时期中是唯一的这样一个国家。远在3000多年前，殷周人民便已有了养蚕业，并且已有了华美的暗花绸和多彩的刺绣。后来又发明罗纱和织锦。"

而日本学者佐藤武敏根据瑞典西尔凡的研究，总结出殷商时代的纺织物，皆属于精巧之品，显然系由专门人工负责制作，其技术已出现绫织，所用机器极为复杂，在技术上已达高度阶段。

但是年代久远，殷商时期的衣物不可能保存到现在。所以我们只能通过别的一些文物来进行判断。譬如说殷墟出土的多个石刻人像、玉人立像、人形玉佩、配件以及奴隶陶俑等，就是一种殷商时期服饰的体现。从中可以对比看出，贵族阶层的衣饰华美精致，纹路也是极其精美的。

说到这里，不得不提到三星堆遗址出土的青铜大立人。

青铜大立人身上穿的那件衣服非常特别，里里外外都很有设计感，上边所刻画的纹路，应该就是这位君主平时所穿的衣服模样。

因为殷商的时间年代与三星堆的时间年代差不多，所以我们先了解了殷商时期蚕桑业的重要性。再往更久远的过去追溯，在长江流域的钱山漾

古蜀之国：三星堆国宝背后的蜀地文明

>>> 青铜大立人衣服上的纹路

>>> 玉串珠

>>> 玉管

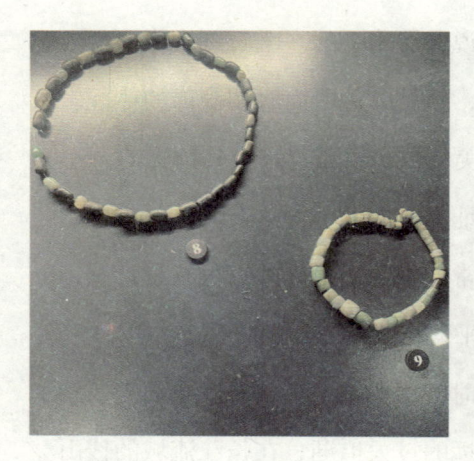

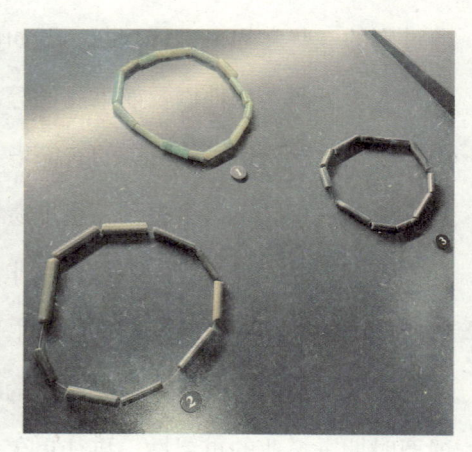

遗址，发现了绢片、丝带、丝线、丝绸残片等物品。

那么这个钱山漾遗址，这里需要介绍一下，它距今大概是4400年到4200年，是早于殷商时期的长江中下游文明，属于新石器时代良渚文化范围。

与之同时期发展的古蜀文明，对应的应该是宝墩文化与三星堆文化一期。有一种说法是，在人类文明史开始之前，丝绸、稻谷和釉陶向北一路发展，到了殷商时达到了一个高峰期。

而丝绸的发源地，其实一直颇有争议。

譬如说网上有一种说法，说钱山漾遗址是世界丝绸的起源之地，因为那里出土了一块绢片，是我国目前发现的最早的家蚕丝织物。

又有说在山西夏县西阴村遗址发现了半个蚕茧，距今有5600年。

再往前追溯，在距今7000年左右的河姆渡遗址，发现有盅形黑陶，上面刻画着四条栩栩如生、仿佛正在蠕动的蚕纹，说明在当时就已经有蚕的存在了。但古人是如何发现蚕茧可以用来缫丝的呢？

根据推测，很有可能是为了吃。蚕蛹是高蛋白营养品，为了果腹，古人很有可能会捉蚕蛹来吃。但是在当时没有剪刀，要如何才能剥开蚕茧呢？最好的办法是将蚕茧煮熟之后，进行抽丝，这样就能吃到里面的蚕蛹了。

所以，可能人类最早种桑养蚕，并不是为了纺织，而是为了吃。

而在四川这边，虽然没有出土比钱山漾遗址更早的丝织品，但是却有

古蜀之国：三星堆国宝背后的蜀地文明

蚕陵重镇，有蚕丛王，还有西陵氏女嫘祖嫁给轩辕黄帝，驯养野蚕，发明蚕桑的神话传说。

再来看一看"蜀"字，那么在甲骨文当中，"蜀"字，其实就是"蚕"。

而古蜀国的开国之君叫蚕丛，既然是用蚕来给一个国家，甚至是国家首领命名，那么足以证明，蚕和养蚕业一定是这个国家非常显著的特点。

而且在前面也提到过蚕市，这是根据时代发展应运而生的一项市场贸易行为，至今在川东、川北地区某些县市都还设有蚕市。在阆中还有大型蚕种场，在南充也会不定期地举办丝绸节。这些其实都是古蜀文明蚕桑文化的宝贵遗存。

古蜀人的蚕桑业，远比我们想象中的还要发达。

蚕神嫘祖

说到古蜀人的蚕桑业，其实在前面的内容里，我已经提到过，在蚕丛时代，就已经有了驯养野蚕的记录。那么这个时代，对应的中原历史应该是黄帝时期，也就是原始社会新石器时代晚期。

关于黄帝正妃嫘祖究竟是哪里人，也存在着一些争议。《史记》当中说嫘祖是西陵氏之女，而这个西陵，有一些人认为是在河南的西平、开封、荥阳，也有人说是湖北的宜昌、远安、黄冈、浠水，在山西有夏县，山东有费县，浙江有杭州。还有一种说法是在四川，有三个地方可能性比较大，这三个地方分别是盐亭、茂县、乐山。但是根据多方考证来说，四川盐亭的可能性要大一些。

原因在于，在20世纪80年代，盐亭考古发现了唐朝人赵蕤撰写的《嫘祖圣地》碑文，上面镌刻着"黄帝元妃嫘祖，生于本邑嫘祖山"，因此为盐亭是嫘祖故里提供了有力的证据。这个碑文写道："生前首创种桑养蚕之法，抽丝编绢之术，谏诤黄帝，旨定农桑，法制衣裳，兴嫁娶，尚礼仪，架宫室，奠国基，统一中原，弼政之功，殁世不忘，是以尊为先蚕。"关于这个赵蕤，顺便说一下，他本人就是盐亭人，饱读诗书，博于韬略，长于经世，是李白的老师，与李白并称为唐代"蜀中二杰"。但是他的性格与李白有些不同，赵蕤虽然满腹才学，却视功名如粪土，唐玄宗多次征召，他都不予理睬，一直过着隐居的生活。但是也多亏了赵蕤，所以盐亭才被誉为"华夏母亲之都，世界丝绸之源"。

盐亭有古建筑嫘祖宫，民间也有祭祀嫘祖的一些风俗习惯。甚至在盐亭，还有嫘祖的小名叫"王凤"的传说，说她的父母名叫羲伯、歧娘。有一天，歧娘突然梦见王母娘娘，王母娘娘在梦里将一只彩凤往歧娘肚子里送来，歧娘便感觉自己有了身孕，后来就生了嫘祖。嫘祖从小聪慧，孝顺，在采果奉亲的过程中，发现了天虫吐丝结茧的规律，所以才驯养了野蚕。她由于贤德，被大家拥护为西陵部落的首领。

而嫘祖为什么会与轩辕联姻呢？说是嫘祖以丝帛为礼，进献给轩辕，引起了轩辕的注意,因此慕名而来,求娶嫘祖为妻,因此中原与西蜀才得以联盟,建立起了统一的联盟大国。

另一种说法是,嫘祖是黄帝娶的第一位妻子,在辅佐黄帝的过程中,发现了野蚕吐丝织茧的奥秘。同时,她也是西陵部落的首领,因为她的睿智,所以实现了西陵内部联盟和西蜀部落联盟,并且与黄帝实现了部族大联盟,奠定了华夏立国的基础。她教民蚕桑,织造制衣,并且将这项技能广而告之,推行给天下人。这大概也是到处都有嫘祖故里之争的一个原因吧。

除此之外,她在管理西陵部落时,也是一位非常睿智的部落首领。她很有谋略,管理下属恩威并用,多次平定部落内部叛乱。这样一位优秀的女性,也生养了两个非常优秀的儿子。长子青阳降居在江水,也就是渝江;次子昌意降居在若水,也就是雅砻江。关于这一点,在之前的章节里已经讲过多次了,但是这两个地方的条件都比较恶劣,嫘祖的儿子在这样的环境里,磨炼了自己,培养出了优秀的后代。最后,昌意的儿子颛顼,继承了黄帝之位。颛顼也是上古时代的一位伟大的君主。

古蜀文明的时间跨度很长,直到公元前316年秦灭巴蜀以前,都是属于古蜀文明时代。在这个时期,古蜀文明与良渚文明、中原文明,甚至更远的文明,都产生了非常多的交流,互相影响,互相成就,从而造就了中国丝绸的辉煌与不朽地位。当然最大的原因是嫘祖推行蚕桑纺织,让天下人都见识了丝绸之美。因为她巡行全国教民蚕桑,又被人们祀为"道神""行神""祖神",也就是保佑出行的"平安之神",也是"旅游之神"。同时她也被后人尊称为先蚕娘娘,祀为"蚕神"。她也是中华民族的伟大母亲,是华夏文明的奠基人,是与黄帝并称的"人文始祖"。

如今在四川盐亭,依旧保存着许多民间祭祀嫘祖的活动。这里顺便说一下,在我的小说《蜀山云无月》与《蜀帝传奇》里,都记述了一个非常重要的祭祀——先蚕祭。我的创作灵感,便是来源于盐亭县的"先蚕节"。而四川盐亭县的嫘祖祭祀活动,最主要的是春礼和秋礼。春礼,就是春日祈农祈蚕;秋礼,则是秋日酬蚕。嫘祖的生日是二月初十,在这一天要举行"先蚕节"的祭祀活动,十里八乡的老百姓不约而同地相聚在蚕神庙会,抬着蚕神嫘祖的"銮驾"游城,有些庙会还要唱大戏,连唱两三天。至于养蚕的农家,则要从初二开始,就提着香火竹篮,到乡里所有供奉着蚕神的大小庙宇烧香化纸,祭拜蚕神。有些蚕农,甚至会去金鸡场的嫘轩宫、天禄观。这里再提一下嫘轩宫,是专门祭祀轩辕黄帝和嫘祖的寺庙。乡民们又将这种到处烧香的活动叫作"烧遍香"或者"西陵祭",主要目的是祈求农桑丰收,出行平安。至于秋礼,则是在农历九月十五这一天,举行"酬蚕节"的活动,主要目的是感谢蚕神赐福。

嫘祖是非常伟大的女性,其实不管她是哪里人,她都是中华民族的母亲。

蜀人大禹与他的父亲鲧

大禹是我国历史上的治水名人,"三过家门而不入"的典故,至今流传。他也是我国先秦时代与尧舜齐名的部落联盟首领。

在众多的古籍记载里,东汉赵晔的《吴越春秋·越王无余外传》里写得颇为详细:"鲧娶于有莘氏之女,名曰女嬉……产高密。家于西羌,地曰石纽,石纽在蜀西川也。"

高密也就是大禹。这段记载将大禹的父母、家乡都提到了。清朝学者刘沅说："中国言水利者，蜀最先。大禹，蜀人也。"

大禹是蜀地西羌人，这是自战国就流传下来的传说。大禹治理滔天洪水，划定天下九州，获得了极高的名望。所以在舜死后，将天下共主之位传给了大禹。虽然历史上说大禹是夏朝的开国君主，实际上夏朝的开国之君不是他，而是他的儿子启。

>>> 宝墩遗址外围城墙游埂子解剖处（一）

32 蜀人大禹与他的父亲鲧

>>> 宝墩遗址外围城墙游埂子解剖处（二）

但是，是大禹改变了原始部落的禅让制，他将天下共主之位传给了自己的儿子，这才开启了在中国历史上实行了近4000年的"家天下"世袭制。在我国的史书里记载，夏王朝一共传了14代，延续了471年，直到被商朝所灭。

司马迁记载的"夏"是姒姓的夏后氏、有扈氏、有男氏、斟鄩氏、彤城氏、褒氏、费氏、杞氏、缯氏、辛氏、冥氏、斟灌氏十二个氏族组成的部落联盟的名号。这个部落联盟以"夏后"作为带头大哥，因此后来建立夏朝以后，就以"夏"作为国号。

我看过一部电视剧，叫《大舜》，拍得很不错，里头对于原始社会的部落联盟结构，演绎得非常形象。大禹的故事是《大舜》这部电视剧后半部分的内容，他勤俭廉洁，艰苦奋斗，"抑洪水十三年，三过家不入门"，最终治理了洪水，获得了极高的民望。

在丁山先生的著作《中国古代宗教与神话考》当中，对古蜀国杰出子民代表大禹，赞誉非常之高，说他是"辟地大神"。

在中国上古神话里，大禹的父亲鲧，一直是以一种"罪人"的形象出现。司马迁在《史记》里，说鲧是舜的"罪臣"，甚至还有鲧为"四凶"之一的说法。事实上，被舜帝流放到四方的四个凶神，是没有鲧的。

"上古四大凶神"在《史记·五帝本纪》当中的记述是：帝鸿氏之不才子"混沌"、少皞氏之子"穷奇"、颛顼氏之不才子"梼杌"，还有炎

32 蜀人大禹与他的父亲鲧

帝鸿裔缙云氏之子饕餮，此四人为"四凶"，被后世誉为"凶兽"。四凶兽可能后来成为这些部落的图腾标志。还有一种说法是这四位因为出身名门望族，是不折不扣的纨绔子弟，由于残暴不仁，不服舜帝的统治，才因此被流放，并且被钉在耻辱柱上，叫华夏子孙世世代代都看不起。

所以，四大凶神怎么会扯到大禹的父亲鲧身上去呢？其实有些作者可能是想表达鲧是"四罪"之一，但是误写成了"四凶"。

其实对于鲧的生平，还有另外的说法。

在夏王朝，鲧的形象是非常正面的，被视为"祖先神"进行隆重的祭祀。但另一方面，他究竟是英雄还是败将，人们对此有着非常大的争议。

在电视剧《大舜》中，大禹的父亲鲧，作为黄帝的子孙，属于联盟的贵族。但是他治水无能，最终死于洪水。

后来看到另一种说法，与之颇为契合。但这种说法与鲧的公众形象有些出入，对于他被流放的背景，有着更深的揭示。

在《吕氏春秋》当中是这么记载的："尧以天下让舜。鲧为诸侯，怒于尧曰：'得天之道者为帝，得地之道者为三公。今我得地之道，而不以我为三公。'以尧为失论，欲得三公。怒甚猛兽，欲以为乱。比兽之角，能以为城；举其尾，能以为旌。召之不来，仿佯于野以患帝。舜于是殛之于羽山，副之以吴刀。禹不敢怨，而反事之。官为司空，以通水潦。"

这段话的意思是：尧想把天下让给舜，而鲧当时是诸侯国崇国的首领，被称为崇伯。他一听说这个消息，当然就很生气了，质问尧帝为什么要出尔反尔，明明说好了得天之道者为帝王，得地之道者为三公，如今我既然已得了地之道，为什么你不给我封三公呢？

也就是说，其实鲧多年治水有功，人生理想只是想成为一名辅臣，做三公也就够了，等到尧年老退位之后，再考虑接替的事情。可是在尧的角度看来，却认为鲧有其他想法。由于尧的态度不明确，鲧就生气了，回到了自己的封地，无论尧怎么召见他，他就是不来。

他不来也就罢了，偏偏在自己的封地上还要搞事情，看来是个沉不住气的主。因为沉不住气，于是鲧在自己的领地加固城池，自立旗号。

作为天下共主的尧当然更无法喜欢这个出身名门却处处都与自己对着干的家伙了。可尧也不能把鲧怎么样，毕竟他治水多年，劳苦功高。

后来鲧的结局又是怎样的呢？

鲧的结局

据说是尧将自己的两个女儿嫁给了舜，想要培养女婿做接班人。鲧一看这个情况慌了，就质问尧说："不祥哉！孰以天下而传之于匹夫乎？"鲧指责尧帝说，你把王位传给一个庶民，对于天下来说，是一件不祥的事情。

尧帝终于怒了，于是杀了鲧。鲧的朋友共工见状，也站出来质问，结果也被尧帝杀了。

关于这一段故事，可以参见《韩非子》，在《韩非子·外储说右上》有这么一段记录："尧欲传天下于舜。鲧谏曰：'不祥哉！孰以天下而传之于匹夫乎？'尧不听，举兵而诛杀鲧于羽山之郊。共工又谏曰：'孰以天下而传之于匹夫乎？'尧不听，又举兵诛共工于幽州之都。于是天下莫敢言无传天下于舜。"

屈原在《楚辞·离骚》里，也为鲧抱屈："鲧婞直以亡身兮，终然夭乎羽之野。"在《楚辞·九章·惜诵》里："行婞直而不豫兮，鲧功用而不就。"

这两句话的意思在袁珂先生的《中国神话传说》一书当中有着一个解释。大诗人屈原在诗篇里用充满同情叹伤的语调写道：鲧因为耿直而忘掉自身，终于被杀戮在羽山的荒野。就为了行为耿直而不随和，鲧治理洪水才徒劳无功。

关于鲧的死因，似乎已有定论，但实际上，还有另一种大家普遍知道的说法，那就是他并非是被尧诛杀的，而是被流放到了羽山，死在羽山的。

在《史记·夏本纪》当中有记述："乃殛鲧于羽山。"

这个"殛"字，有惩罚、流放、诛杀的意思。但是鲧作为一个有功之臣，又是黄帝之后，按说尧是不可能因为他的几句直率的谏言而杀他的。

所以另一个版本是，鲧因为治水失败，因此获罪被流放羽山。

在《史记·五帝本纪》中有记载，说："讙兜进言共工，尧曰不可而试之工师，共工果淫辟。四岳举鲧治鸿水，尧以为不可，岳强请试之，试之而无功，故百姓不便。三苗在江淮、荆州数为乱。于是舜归而言于帝，请流共工于幽陵，以变北狄；放讙兜于崇山，以变南蛮；迁三苗于三危，以变西戎；殛鲧于羽山，以变东夷：四罪而天下咸服。"

这里说的四罪，是指共工、谨兜、三苗、鲧。在舜帝的功绩里，其中之一就是平四凶（四罪）。四罪被流放，将共工流放到幽州，将谨兜流放到崇山，将三苗迁至三危，将鲧流放到羽山。

这个，应该才是舜的处理方法。因为舜帝在历史与神话传说当中，都是非常仁慈宽厚的一位帝君，他应该不会诛杀鲧，至多让鲧在流放之地老死病死罢了。

还有一种说法，是说鲧死于洪水，以身殉职，但他又化为了龙。

在《左传·昭公七年》当中有记载："昔尧殛鲧于羽山，其神化为黄熊，以入于羽渊，实为夏郊，三代祀之。"

《国语·晋语八》载："昔者鲧违帝命，殛之于羽山，化为黄熊，以入于羽渊。"

《山海经》说："黄帝生骆明，骆明生白马，白马是为鲧。"

所以古人的故事不要深究，深究多了，就会像我现在这样，在所有的可能当中左右摇摆。

但是鲧，他是黄帝的后人无疑，是大禹的父亲无疑，是治水的英雄无疑。

在中国几千年的历史当中，他的功过一直存在着争议，但也一直被后人敬仰歌颂。如果没有他，就不会有后来伟大的治水英雄大禹，更不会有了不起的夏王朝。

古蜀之国：三星堆国宝背后的蜀地文明

>>> 青铜人面像

古代中国的汤汤洪水

洪水这个词语,最早是出现于先秦时代的《尚书·虞书·尧典》里:"汤汤洪水方割,荡荡怀山襄陵,浩浩滔天。"

这个说的就是尧舜时期的滔天洪水。

洪水是一种自然灾害,比如暴雨来袭,冰山消融,或者其他别的原因导致的水位骤然上涨。有时候也有可能是人类活动造成的,譬如大量地砍伐森林,也是造成特大洪涝灾害的原因之一。

中国自古以来都饱受洪灾的折磨。我最近去过一些古遗址，发现这些古遗址很多都是因为洪水的原因才逐渐衰败，甚至是举族迁徙，弃城而去。

比如说浙江杭州的跨湖桥遗址，因为洪水突然来袭，整个古城被掩埋。还有被誉为"中华第一城"的良渚遗址，也是因为遭遇了特大洪水。还有四川成都新津的宝墩遗址，也是因为洪水的原因，整座城市被摧毁，导致在后来很长一段时间里，都没有人类生存的痕迹。在遗址区采访考古学者时，他们给我的回答均是因为城市没有办法再居住，所以人们不得不迁徙去别的地方。

宝墩遗址位于长江上游，跨湖桥遗址与良渚遗址位于长江下游。文明的交会就在一次又一次的大洪水来袭之后，因为上古先民的迁徙而进行着。

那个时代的猜想只能存在于考古学家手中的考古铲下，或者老百姓的传说当中。

关于帝尧时期的大洪水，在丁山先生的著作《中国古代宗教与神话考》当中是有解释的。文中记载：

> 地球的太古纪，尚无化石的发现。上古纪，始渐有生物；中古纪，始有飞鸟；近世纪始有人猿进化到人类。人类的历史比较地球的年龄，只是短而且近的一节。自有人类到现代，人类的文化，经过种

34 古代中国的汤汤洪水

种折磨,受过种种灾难,一波三折地向前进展;最严重的灾害,要推洪积纪的那几个冰期。据一般地质学者论定,古冰期约在五十万年之前,过渡冰期约在十万年之前,新冰期距今不过五万年至三万五千年。拿中国有史以后的年代看,三五万年以前,自然是很长久的距离。若是拿周口店出土的"北京人"的年龄作一比较,那"新冰期"或者发生在"北京人"时代之后了。我们的祖先,当然是经过山河大地层冰积雪的长期苦寒的压迫,藏在洞穴里逃过这次严重灾害才繁殖为今日复杂的种类。然而,我们今日不要忽略了"新冰期"之后,日暖春回,冰雪消融,遍地又成泽国的水害。我认为《尧典》所说的"汤汤洪水方割,荡荡怀山襄陵,浩浩滔天",与夫《孟子·滕文公下》所传说的"书曰,洚水警予,洚水者,洪水也",不是泛泛地说黄河春汛秋汛,或者长江夏季的洪水,也不是如孟子所谓"水逆行,泛滥于中国",硬是"新冰期"之后,全世界受了冰雪融化的洪水灾难,予人类以不可泯灭的回念。巴比伦人最古的文献记录《巴比伦历朝兴亡表》,是追叙"大洪水"为有史记事之始。希伯来人所流传下来最古《创世记》一书,也自"诺亚洪水"说起。推广言之:印度古代的《摩奴法典》以至美洲印第安民间的传说,一提到人类历史的开端,无不从"洪水"说起。这样看来,《尚书》以《尧典》开篇,显与《摩奴法典》《创世记》意义相同,也是说中国有史时代自"汤汤洪水方割"发轫。禹平水土,当然是中国的"辟地大神";所以两周王朝与列国的重要文献，一回溯远祖的历史，必断自伯禹了。康有为《孔子改制考·诸子创教篇》说，"洪水者，大地所共也。人类之生，皆在洪水之后，故大地民众，皆区萌于夏禹之时"，是相当正确的观察。

以上这段，是完完整整的摘录，因为我觉得这个看法实在是太宽了，非常有利于我们了解为什么大禹时至今日都是被人颂扬的大英雄。

在很多神话传说当中，大禹都是龙的化身。因为上古时候的洪水实在是太厉害了。在《淮南子·本经训》当中写道："舜之时，共工振滔洪水，以薄空桑。"这句话有一个背景故事，是说当时的洪水，是上天派水神共工来惩罚老百姓所犯下的罪行。后来大禹祈求上天，让上天把息壤赐给他。息壤在《山海经·海内经》当中有记载，这是一种可以自己生长与膨胀的土壤。拥有了土壤，就可以治理水患了。

本来人间的水患就是上天安排的灾难。但是上天也有恻隐之心，看到人间的惨状，也觉得这个惩罚对于人类来说过于残忍了一些，所以就派大禹下界治理水患，同时还安排了一个助手，这个助手叫应龙，曾经在诛杀蚩尤的时候立下了大功。

于是大禹领命，带着应龙以及一些别的龙，一起来到人间，平治水患。他们怎么操作的呢？应龙导引主要的流域，其他的龙导引支流。

可是水神共工觉得自己的权威受到了伤害，于是一怒之下，就将大

34 古代中国的汤汤洪水

水淹到了空桑去。空桑这个地方，位于现在的山东曲阜，是中国东部的地方。既然已经淹到了这个区域，那么中原一带，必然已经成为鱼虾畅游的天下了。

所以，可以料想得到，这样的洪水在上古时候会造成怎样的杀伤力。也正因为如此，才会在神话传说与历史典籍里多次被记录。

在神话传说里，为了平息这一场滔天的洪水，大禹与水神共工斗智斗勇，倾力而为。

在历史典籍里，大禹为了治理水患，历时十三年，三过家门而不入。可想而知，这场与天斗、与神斗的战争，有多惨烈。而彻底治理了水患，守护了人们家园的大禹，也就得到了人们的信任与拥护。

古蜀之国：三星堆国宝背后的蜀地文明

>>> 青铜人面具

《山海经》是蜀人大禹写的吗？

在许多年前，我听说《山海经》是四川人写的。当时年纪小，第一反应是感到颇为震惊，后来发现这个说法并不是随便说说，最可靠的依据来源于大禹是蜀人。

从何说起的呢？

相信很多朋友都知道，《山海经》是我国古代的一部奇书。在这部书里头，记录了各种地理地貌、人文历史、志怪传奇。目前可以查证的最早的版本，是晋代郭璞整理编写的版本，但是最初的版本是谁著述的，依旧是存在于传说当中。有很大一部分人觉得，这本奇书是巴蜀之地的人所创作的。

西汉经学家刘歆与他的父亲刘向一起编订了《山海经》。刘歆是汉高祖刘邦的四弟楚王刘交的后裔，他在《上〈山海经〉表》中写道："禹别九州，任土作贡；而益等类物善恶，著《山海经》。"

众所周知，大禹为了平治水患，走遍了天下，游历九州。去的地方多了，见的奇人也必然不少。正因为如此，大禹和他的助理伯益于是就编写了一部《山海经》，把他们在抗击水患过程中的所见所闻都记录在上面。

还有一种说法，说大禹去东方巡狩，到达衡山的时候发现了天柱，于是就地休息。就在大禹休息的时候，突然走来一位穿着红色衣服的男子。这个男子告诉大禹，让他回去斋戒三个月，再来天柱一趟。大禹照办了，斋戒三个月之后再次来到天柱，竟然发现了一本书。按照这本书中的记载，大禹走遍了九州大地，并且把书中的内容全都记录了下来，这就是后世的《山海经》。

还有一种可能，前人认为《山海经》是由大禹、伯益所撰写的，流传到后世经过西汉时期的刘向、刘歆校对，才形成完整的书籍体系。

以上这两段是在网上的摘录，听起来还是蛮有意思的。

还有一种说法是，《山海经》是《山海图》的诠释本。

说到这个《山海图》，又要回到大禹身上来。

据说大禹治水成功之后，铸造了九尊青铜鼎，分别代表着冀、兖、青、徐、豫、雍、梁、荆、扬九州，在九鼎之上还刻画着当地的名山大川、神奇事物。这些奇闻逸事、名山大川，都是以《山海图》作为参考来进行刻画的。等九鼎铸好之后，就放在夏朝的都城，代表着国家至高无上的权力。

后来，商朝、周朝都将九鼎奉为传国之宝。到了西周后期，发生了著名的"犬戎之祸"。

讲到犬戎，可以先来听听《山海经》当中一则很有趣的故事：

《山海经》里有一只蠢兽，名唤山膏，长得像猪，性格也不太好，经常出口伤人。你说它长得丑也就罢了，嘴还欠，这不是讨打吗？有一回帝喾游历大好山河，心情很棒。帝喾是谁呢？他是颛顼的侄儿，15岁开始辅佐颛顼帝，等到颛顼过世，帝喾接任帝位，当时他才30岁。他又被称为高辛帝，同时也是《山海经》当中帝俊的人物原型。当他出去游历山河，正在欣赏曼妙风光之时，突然从草丛里蹦出来一只红彤彤、圆滚滚的猪，冲着他张口就骂。虽然他不与禽兽一般见识，但他身边的狗盘瓠却不能容忍，扑上去就把红猪给活活咬死了。顺便再说一下这个盘瓠，他可不是一只简单的狗，他后来娶了帝喾的女儿，是帝喾的女婿。而他与公主的后代又被称为蛮夷，蛮夷生活的区域大概是现今陕甘一带……

犬戎的先祖，就是帝喾身边咬死红猪山膏的盘瓠，后来他带着帝喾的女儿去了一个蛮荒之地繁衍后代。而这些后代，就是后来的犬戎族。

在《说文解字》当中说："羌，西戎牧羊人也。"也就是说，从民族的归类来说，犬戎族就是西羌族，而西羌族确实也是以白狼或者白犬作为图腾崇拜的游牧民族。

犬戎之祸对于华夏民族来说，是一个残酷的灾难，大概发生在公元前771年，对应古蜀国的时间年代，应该是杜宇王朝中期。这一年，是西周与东周的历史分界线。当时西夷犬戎族带着精兵强将一路势如破竹，攻城略地，打到西周的都城镐京，直取周幽王首级。周王朝不堪一击，京城破败不堪，周幽王的儿子姬宜臼即位，后世称为周平王。周平王被迫迁都洛邑，这个时候生活在天水一带的小诸侯国秦国的国君秦襄公一路护送周平王到达新王都。为了感激秦襄公，周平王便将关中地区所有被犬戎族占据的地盘，统统赐给了秦襄公。之后，从秦襄公开始，直到秦文公，用了半个世纪的时间，秦国才彻底打败犬戎族，完全控制了关中地区。

但是九鼎，也就在此次迁都之后没有了下落。

有一种说法，说是在周显王的时候，将九鼎投入泗水之中了。还有一种说法，是讲周王室衰败，于是销毁九鼎铸造成了钱币。反正不管怎么样，九鼎就是不见了。而九鼎之上所刻画的《山海图》，也只能存在于传说当中。

正如我们开篇所探究的，《山海经》的作者是否就是蜀人大禹一样，也只能存在于神话传说当中。

二郎神杨戬是不是古蜀人？

二郎神杨戬，又名灌口二郎，曾经被奉为川主，也就是四川地区的保护神。在四川不仅有二郎庙，还有二郎山。

同时，杨戬也是道教和民间信仰的战神、水神、戏神、雷神、酒神、氏族猎神、农耕神。这些神职和我们听过的神话传说，甚至影视剧里杨戬的形象也都颇为契合。

我对于杨戬最早的认识，源于20世纪90年代播出的电视剧《封神榜》。在剧中，杨戬作为玉泉山金霞洞玉鼎真人的徒弟，奉师父之名，帮助师叔姜子牙，助武王伐纣。

在《西游记》当中，杨戬是玉帝的外甥，是玉帝妹妹下凡与一名姓杨的凡人结合所生。而在别的一些影视作品与文艺作品当中，二郎神杨戬也是非常有个性的一个神仙。

那么这个人，他究竟是不是古蜀人呢？我们可以从杨戬的名字入手。

杨姓是非常古老的一个姓氏，四川是当代杨姓第一大省。在四川北川羌族自治县、九寨沟县，甚至是陕西凤县、宁强县居住的羌族后裔，绝大部分都姓杨。

这个源于他们的图腾信仰。从殷商时期开始，古羌族人就以牧羊为生，"羌"字是"羊"和"人"两个字合成的。在《说文解字》当中，对于羌的介绍是："西戎牧羊人也。"

因为羊对羌族人的影响最大，同时也是他们最密切、最亲近的朋友，甚至是生存的依靠，所以羌族人把羊奉为神灵来崇拜，由于木字旁的杨与之同音，所以就以杨为部族姓氏流传了下来。还有一个原因，跟我前面提到的《山海经》当中记载的狗头人身的神兽盘瓠有关。

在历史上，陇南氐族杨氏是盘瓠的后人。他们向西扩张之后，与冉族、白马羌人混合居住在一起，主要从事畜牧与农业，久而久之，部族与部族之间就融合在了一起。而作为实力比较雄厚的杨姓氏族，通常也是其他部族所依附的对象。所以，羌、氐、冉三个部族在长年累月的生活过程当中，最终变成了现在的羌族，而这一部分大融合的羌族后裔便以姓杨为尊。

所以，按照这个说法，杨戬身边的神兽哮天犬也就有了存在理由。杨戬极有可能就是氐羌后人，是狗头人身盘瓠的后裔，而这支部族又被称为"犬戎族"，是以狼为图腾的部族。当然，这只是一个猜想，并没有十足的证据证明。

杨戬的"戬"字，在《说文解字》当中，有着"剪除、消灭"的意思。这个可能跟他作为战神是有关系的。

再从杨戬的长相上来分析。

《西游记》当中写道："仪容清俊貌堂堂，两耳垂肩目有光。头戴三山飞凤帽，身穿一领淡鹅黄。缕金靴衬盘龙袜，玉带团花八宝妆。腰挎弹弓新月样，手执三尖两刃枪。"《封神演义》当中，他的打扮是"扇云冠，水合服，腰束丝绦，脚蹬麻鞋"。

在两个经典名著当中，杨戬的造型都是非常英俊的，是个面白无须、器宇轩昂的少年郎。

不过，在他身上，还有一个非常显著的特征，基本上一提到这个特征，大家就会记起二郎神杨戬。杨戬是一个长相颇为与众不同的少年，他有第三只眼睛。

《封神榜》里写道："立生一目三只眼，额下风飘三绺髯。"《说唐三传》里写道："二郎神听了老祖之言，当中神目睁起……"而在《灌江备考》当中说到了一个特别有意思的点:"二郎为蚕丛之后,故额上有一纵目。"根据这个特征可以推测,二郎神杨戬可能是古蜀王蚕丛的后人。

蚕丛有一个特点,即是"纵目"。

在《华阳国志·蜀志》当中有着这样的记载:"有蜀侯蚕丛,其纵目,始称王。"前面我介绍过,相关学者研究认为,三星堆的纵目人面具可能代表的是蚕丛的样子。我在2018年去过二郎山游玩,这个二郎山就是纪念二郎神杨戬的山,因此在这里流传着杨戬"担山赶日"的传说。

假如真的有二郎神杨戬这个人,那么他是蚕丛后人的假设也许是可以成立的。

在武王伐纣的历史当中,有过蜀军盟友的记录,而《封神演义》里,杨戬正好也是襄助武王的大将之一,那么由此来看,杨戬这个人是否代表的就是武王伐纣时期古蜀人的部族首领呢?

这些疑问,在后面的内容里,我再详细地介绍一下。

二郎神的原型是李冰的儿子吗?

二郎神杨戬是不是蚕丛的后人?他会不会其实就长成三星堆纵目人面具那个样子呢?三星堆文物当中有一个长着胡须与羊角的龙,和杨戬有没有关系呢?这个人到底是真实存在的,还是民间虚构出来的呢?

二郎神其实是有原型的,但不姓杨,他姓李。

这位李二郎是战国时期郡守李冰的儿子。都江堰位于四川省成都市都江堰市城西,是李冰父子在开明王鳖灵开凿的基础上,组织修建的大型水利工程,大概始建于公元前256年到公元前251年。2000多年来一直发挥着防洪灌溉的作用，使成都成为沃野千里的"天府之国"。

到都江堰去游玩会经过一个叫离堆的地方，这里就是李二郎的功绩所在。传说李二郎花了八年的时间，凿穿离堆。离堆是都江堰的出水口，这个工程消除了水患，造福一方，老百姓感念李冰父子的恩德，于是就在都江堰修建了二王庙，供奉李冰父子。

"二郎神"这个称呼，就是这么来的。

到了东汉末年，民间开始信奉二郎神，因为传说二郎神是司管水利的神仙，是水神。其实在《史记》《汉书》《华阳国志》等古籍里，都没有提到过李冰有儿子。但是由于民间传说的缘故，在四川一直都流传着李冰的儿子二郎凿山穿江的故事，于是到了隋唐时期，李冰庙就变成了二郎庙。二郎神高居主神位，李冰退居配殿。

到了北宋嘉祐八年（1063年），宋仁宗册封二郎神为惠灵侯，并且说"神即李冰次子"。到了宋代以后，全国各地都有修建二郎神庙。许多的学者、文人墨客都会到四川灌口二郎庙瞻仰祭祀，这也为后来二郎神出现在很多文学作品当中埋下了伏笔。

其实历朝历代，都有对李冰父子进行册封的记载。元朝的皇帝册封李二郎为"显圣灵佑王"；到了清朝雍正年间，李冰被加封为"兴济通佑王"，于是灌口二郎庙正式改名为"二王庙"，延续至今。

这个二王庙就在现在都江堰西门外的玉垒山麓，始建于南北朝时期，现在我们看到的是清末民初的建筑，而正门上"二王庙"三个字则是爱国将领冯玉祥将军所题写。在二王庙的后殿右侧，还有画家张大千、徐悲鸿等人的碑刻。此处风景非常秀丽，来四川旅游的朋友如果时间充裕的话，不要错过去游玩一番的机会。

我第一次知道二郎神，是在很小的时候，通过爷爷讲的故事了解的，当时他老人家跟我讲过一个"孽龙"的故事：

> 在灌江口，有个穷人家的小孩，捡了一颗珠子。这颗珠子放在米里，米缸就会长满。他们家靠着这颗珠子，终于吃饱了饭。但这件事被财主知道了，叫小孩交出珠子来。这个穷人家的小孩不愿意，就将珠子吞进了肚子里，谁知道马上就变成了一条龙，飞向了灌江。
>
> 小孩的妈妈舍不得孩子，就捏着他的脚，不让他走。于是这个小孩虽然身子变成了龙，可还有一只脚是人的脚。后来他潜进了灌江的水底，就是传说中的"孽龙"。

这个故事其实与二郎神没有什么关系。我再大一点后，知道了"孽龙"故事的另一个版本：

> 据说在岷江有一条孽龙不太老实，总是兴风作浪，弄得生灵涂炭，民不聊生。蜀地郡守李冰见状，便派儿子二郎和孽龙大战，为民

除害。二郎武艺高强，孽龙战败，就顺着河逃到了青城山下现叫王婆岩的地方，然后就不见了。

孽龙在王婆岩消失之后，二郎追了过来，累得气喘吁吁，于是拿着铁链坐到一方大石头上歇息。这个时候来了一个老太婆，这个老太婆可不是寻常人，她是骊山老母。听说李二郎还没有将孽龙捉到，就叫二郎把铁链借给她。过了不久，一个穿着黄色衣服的人走了过来，也许是饿坏了，便想讨一点东西吃。骊山老母认出了来人正是孽龙，就把铁链化作了面条，煮给他吃。孽龙吞下"面条"后，法力尽失，只好束手就擒。捉住孽龙以后，李二郎原本打算将孽龙押到城头杀掉，骊山老母却阻止他说："杀不得，杀不得。杀了龙，就没有龙吐水了。没有水，老百姓怎么种庄稼？"

听了骊山老母的劝告，李二郎最终决定将孽龙锁在离堆下面的深潭里。伏龙观也就因此而来，它也是灌阳十景之一"寒潭卧伏龙"的所在地。

这个版本的"孽龙"故事和我爷爷讲的，截然不同。也就是说，其实在四川民间，关于神灵也好，关于神话也好，不同区域总有不同的讲解方式，再加上老百姓口口相传，故事往往就会变成另外一个样子。

二郎神杨戬身世之谜

我后来更深刻地了解到二郎神是通过《封神演义》，这本书相传是明朝小说家许仲琳的作品。这个时候的二郎神已经不姓李了，他姓杨，叫杨戬。

同样还有一部描写二郎神杨戬的文学作品，也是一位明朝小说家所为，这本书就是我们从小到大都百看不厌的《西游记》。由此可见，在明朝时候，人们对于二郎神的形象认知与崇拜已经有了足够的默契。

其实关于二郎神的原型，还有两个灵感来源。

古蜀之国：三星堆国宝背后的蜀地文明

>>> 青铜人头像

  这第一种说法，要从清朝康熙年间九龙夺嫡说起。

  当时康熙爷的三阿哥胤祉无心争夺权位，一心一意只想编撰图书。其中有一本书叫《古今图书集成》，当中就记载有灌口二郎。但是这个版本的灌口二郎并非是李冰的儿子，而是隋朝时候的四川嘉州太守赵昱。据

38 二郎神杨戬身世之谜

说赵昱武艺高强,很有些本事。他的主要政绩是斩杀恶龙。在《方舆胜览》当中有记载:"赵昱隐青城山,隋炀帝帝起为嘉州太守。时键为潭中有老蛟为害,昱率甲士千人夹江鼓噪,昱持刀入水,有顷,潭水尽赤,昱左手提蛟头,右手持刀,奋波而出。一日,弃官去。后嘉州水涨,蜀人见昱云雾中骑白马而下……宋太宗赐封神勇大将军。"

在《嘉定府志》当中也有记载,说:百姓们感念赵昱的恩德,在灌江口立庙奉祀他,俗称"灌口二郎"。在《常熟县志》当中记载内容大致相同。在《八闽通志》当中,又说宋真宗时,张泳入蜀平乱,得到了赵昱的帮助。于是事后,张泳奏请追封赵昱为"清源妙道真君"。

古蜀之国：三星堆国宝背后的蜀地文明

>>> 青铜人面具

38 二郎神杨戬身世之谜

那么我们用比较通俗的方式来介绍，便是赵昱这位郎君，身怀绝技，懂得御水之术，曾经亲手斩杀过蛟龙，还拎着龙头挂在城门上，很威武。由于他的英伟勇猛，因此受到了老百姓的崇拜与热爱。后来老百姓为了感念他的恩德，就将他奉为神明。

你们看，这个故事和李二郎的故事多么相似。都是斩杀恶龙，都是治水有功，都是深受百姓的爱戴，所以才被口口相传，流传至今。

到唐朝的时候，这个故事传到了唐太宗李世民的耳朵里。李世民觉得这个故事好，做官就要做个老百姓人人都爱的好官，于是就在灌江口上建立了祭祀赵昱的庙宇。等到唐玄宗入蜀避难时，他又再次加封赵昱为"赤城王"。

后来，赵昱就成了《封神演义》当中二郎神杨戬的主要人物原型之一。

第二种说法，是我在网络上看到一位博学多才的历史爱好者，讲到了二郎神杨戬的另一个原型来源，这个原型是氐族的英雄二王子杨难当。在南北朝时期，首领杨难当带着部族移民到了现在的甘肃武都境内，那个地方古时候叫仇池。杨难当自称大秦王，又喜欢打仗，虽然总是打败仗，但依然能够保住部族的领土，是个异常勇猛的大英雄。

在氐族的传说当中，这位杨二郎有三只眼睛，非常英武帅气，他骑着一匹白色的骏马，带一条白毛细犬。说到这里，是不是觉得与我们所了解的二郎神杨戬的形象紧密地联系在了一起？对了，这个就是我们后来所见到的二郎神的形象。

　　史学界考证氐族有用刀划开额头涂墨的习俗，等到伤口愈合之后留下的痕迹，就很接近二郎神的第三只眼，氐族称为"开天眼"。科学研究表明，原始时期在额头正中的位置很可能有一个能够使人预知危险的器官，后来逐渐退化，或许氐族的这一习俗就是想恢复这种能力吧？

　　关于他的这种说法，我至今还没有找到非常确切的依据，但是作为对于杨戬第三只眼来历的推测，也不失为一种独到的见解。

　　氐族的杨难当与三星堆的青铜纵目人有没有关系呢？

　　假如追溯蜀山氏的民族起源，杨难当的版本与三星堆遗址出土的青铜纵目人，是有些联系的。这也是我后来为什么会去二郎山，去访问当地百姓是否听过二郎神杨戬的传说的原因。同时，我也追问考古学家，是否有这方面的可能。

　　实际上，随着时间的推移，以及对古蜀历史与神话传说深入了解之后，我明白二郎神杨戬在古蜀国的历史上，其实是并不存在的一个人。

　　他的原型总共有五种说法，第一种是李冰本人或李冰次子李二郎，第二种是隋代嘉州太守赵昱，第三种是劈山救母的杨二郎，第四种是东晋名将邓遐，第五种是毗沙门天王的次子独健。总之，二郎神杨戬这个人，在历史上是不存在的，他是由多个英雄人物汇聚而成的。

　　他之所以被神化，源于老百姓对统治者的优秀政绩的歌颂与传扬，甚至是期待有这么一个人，来护佑一方。

征巴蜀之师，会战牧野

在中国战争史上，"牧野之战"堪称以少胜多的典范。周武王率领联军四万五千人，打败了商纣王十七万人。这场战争终止了五百多年的商王朝，建立了西周王朝，为西周奴隶制礼乐文明的鼎盛时代开辟了道路。

在后世的历史、儒家的传说与戏剧创作当中，牧野之战具有非常神秘的色彩，是人心所向的正义之战。但是这场战争，却包含了古蜀国的辛酸血泪。

当时商朝的国君名叫子受,他就是后来中国历史上最著名的无道昏君——商纣王。

商纣王好酒淫乐,宠信并重用奸佞之臣,残暴不仁,天下皆受殷商之苦,就连偏居西南方向的巴蜀之地,作为一个远得要命的邻居,也经常被他欺负,实在是讨厌得很。

后来某一天,蜀国国君收到了来自渭水之畔,西岐周人部落之主——姬发的讯息,他准备攻打商纣王,问蜀王要不要操家伙一起干。蜀王一呼即应,并迅速与姬发结为盟军。

公元前1046年1月底,周武王姬发亲自率领战车三百多乘,精锐武士三千人,以及步兵数万人,起兵东征。与此同时,与周武王结成盟友的蜀王,也迅速集结巴蜀地区的庸、卢、彭、濮、蜀、羌、微、髳等八个方国的精锐将士两万余人前往孟津,协助周武王讨伐殷商。

等到2月底,西南盟军等方国的军队终于与武王之师会合,组成了四万五千人的伐纣联军。在六日后的清晨,周武王姬发发表了庄严的誓师之词。

对于那一日的情形,《诗经·大明》描述道:"牧野洋洋,檀车煌煌,驷騵彭彭。维师尚父,时维鹰扬。凉彼武王,肆伐大商,会朝清明。"

最后,周武王姬发为联军主帅,蜀国主将为副帅,率领军队与商纣王的十七万大军在牧野之地进行了生死决战。

39 征巴蜀之师，会战牧野

后世的史官在《尚书·牧誓》中，对蜀军的骁勇善战赞誉有加："武王伐纣，实得巴蜀之师，巴蜀之师前歌后舞，令殷人倒戈。"

这里说的，应该是巴人的战前舞蹈"巴渝舞"，这是在四川阆中、重庆地区的一个古老的战前舞。

巴渝舞是古代巴人在部族斗争以及猎杀猛兽之前，所跳的一种大型集体战前舞蹈，用来鼓舞士气，吓唬对手。

在牧野之战中，就是由巴人组成"龙贲军"，执盾挺戈，前歌后舞。"令殷人倒戈"，在一夜之间，便彻底地摧毁了殷商的军队。

后来有些儒家学者评价道：牧野之战是一个和平解决政权交接的战争神话。其实这个说法，有一些过于美化这场战争。

在先秦古史《逸周书·世俘解》当中有指出：出身戎狄的联军在战争期间，进行了长时间的屠杀和劫掠。周武王大获全胜，但是被杀死的商人就有十八万之多，被掳为奴隶的有三十三万。这么大的数量不都是军人，还有大量的平民，周武王之师还在商人的国土上大肆捕猎，虎、熊、犀牛、鹿等动物，仅在武王名下就被猎杀了一万多头，并掠夺了大量的珠宝财物，仅佩玉就达到十八万块。

这个说法不一定完全正确，因为那个时代的经济发展决定了城市人口的数量，是不可能随随便便就有几十万人聚集在一起生活的。所以，关于杀戮多少商人的这个说法，应该是有一定的夸张成分。

但是，武王之师在打完胜仗之后的所作所为，却是叫人无法将他与

"正义之师"联系在一起。

这场战役既然是和盟军一起进行的,那么打了胜仗之后,理所当然应该给予盟军一些好处。可万万没想到的是,在牧野之战后的第三十七天,周武王突然出尔反尔,将被困于西岐的一万余蜀军扣押,生擒活捉了四十六名各级军官。

有关专家推测,这场战役,蜀国损失车辆辎重一千多辆,士兵死伤无数,元气大伤,再次陷入四分五裂的困境之中。最后,庸、卢、彭、濮、蜀、羌、微、髳八个方国的残兵以部族的名义联合在一起,形成了蚕丛族、柏灌族、鱼凫族与杜宇族四大部族,相互制约抗衡。

2019年,我曾到四川省广元市米仓山采风,想要了解一下米仓古道。

米仓古道,是我国最早的国道。它纵贯秦巴山区,连接黄河、长江流域,北上三秦而通中原,南下四川以达南方,古称大行道。

米仓古道沿途高峰丛集,万壑分流。先民们不惧艰险,依势开道。

公元前1046年,武王姬发伐纣,征巴蜀之师,到牧野会战。

千千万万个巴蜀好儿郎,便是从这条路,走出了家乡,将自己的热血与性命,交给了华夏春秋铭记。

参考文献

[1] 汤莉,罗晓红,邹鹏,宋峻宇,邱学庆,肖颖. 解说三星堆[M]. 成都:巴蜀书社,2014.

[2] 赵殿增,李学勤,范毓周. 三星堆文化与巴蜀文明——早期中国文明[M]. 南京:凤凰出版社,2005.

[3] 陈显丹,肖先进,刘家胜. 三星堆奥秘[M]. 成都:四川人民出版社,2000.

[4] 焦虎三. 羊皮书——中国羌族的历史与文化[M]. 桂林:广西师范大学出版社,2013.

[5] 蓝东兴. 西南少数民族口述传播史研究[M]. 重庆:重庆大学出版社,2013.

[6] 吕思勉. 中国民族史[M]. 南昌:江西教育出版社,2018.

[7] 丁山. 中国古代宗教与神话考[M]. 上海:上海书店出版社,2000.

[8] 袁珂. 中国神话传说[M]. 北京:北京联合出版社,2016.

[9] 朱家可,邱登成. 三星堆研究——三星堆与世界上古文明暨纪念三星堆祭祀坑发现三十周年国际学术研讨会论文集:第5辑[C]. 成都:巴蜀书社,2019.

[10] 三星堆博物馆. 三星堆:古蜀王国的神秘面具[M]. 北京:五洲传播出版社,2005.

[11] 饶宗颐. 西南文化创世纪——殷代陇西部族地理与三星堆、金沙文化[M]. 上海:上海古籍出版社,2010.

[12] 常璩(晋),刘琳. 华阳国志校注:修订版[M]. 成都:成都时代出版社,2007.

[13] 王玉哲. 中国断代史系列——中华远古史[M]. 上海:上海人民出版社,2019.

[14] 胡厚宣,胡振宇. 中国断代史系列——殷商史[M]. 上海:上海人民出版社,2019.

[15] 四川广汉三星堆博物馆,成都金沙遗址博物馆.三星堆与金沙——古蜀文明史上的两次高峰[M].成都:四川人民出版社,2010.

[16] 钱穆.民族与文化[M].贵阳:贵州人民出版社,2019.

[17] 宫本一夫(日).从神话到历史——神话时代:夏王朝[M].桂林:广西师范大学出版社,2020.